中国の死神

大谷 亨

Otani Toru

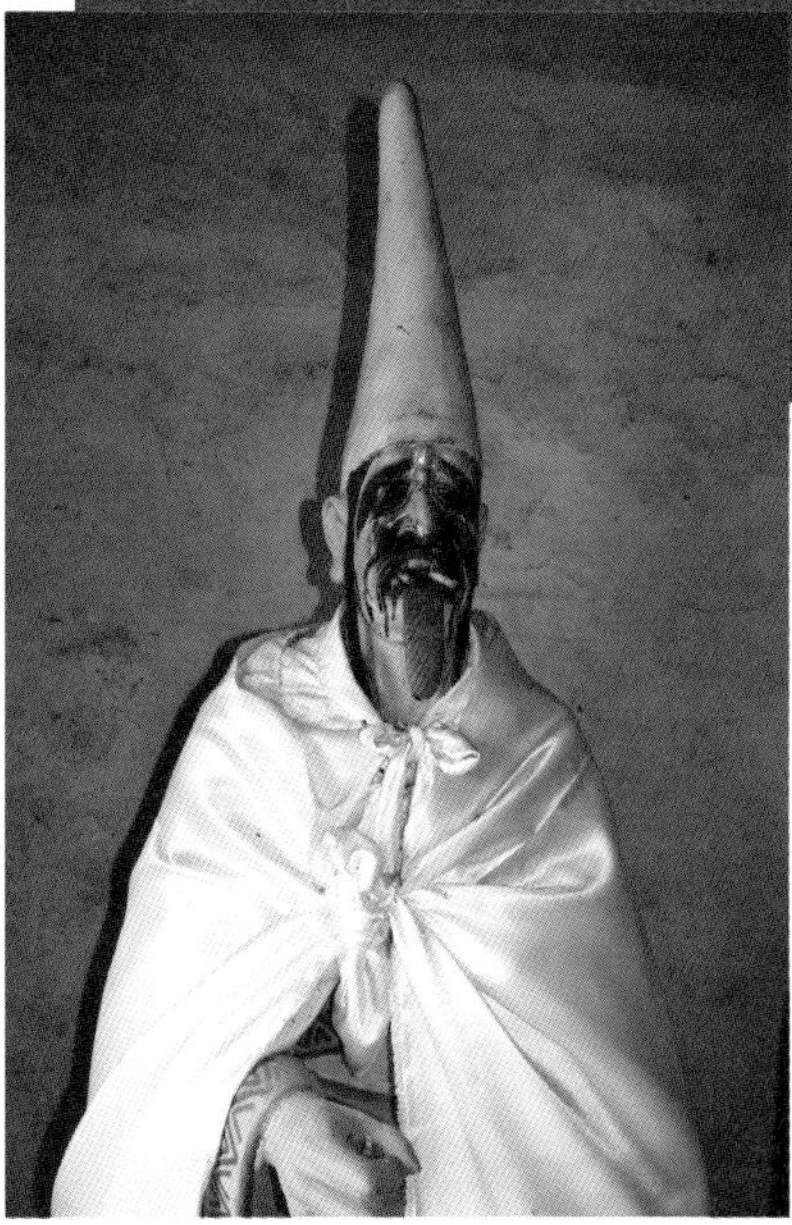

青弓社

中国の死神　目次

本文デザイン――四幻社
カバー・本扉の写真――筆者撮影
装丁――神田昇和

凡例

・本書所収の写真は、特に断りがないかぎり筆者が撮影したものである。
・本書での漢字表記は、原則として常用漢字を使用した。
・日本人名は、慣例にしたがい一部旧字を使用した。
・先行研究者の人名は、敬称を省略した。
・古典籍から引用する場合は、本文中に最低限の出典を示し、注に使用テキストを示した。ただし、一部図のキャプション末に使用テキストを示した。
・引用箇所の訳文は、特に断りがないかぎり筆者訳である。訳文中の傍線、略、〔〕内の記述なども、いずれも筆者によるものである。原文は出典だけを示し、原文そのものは掲載しない方針で統一した。

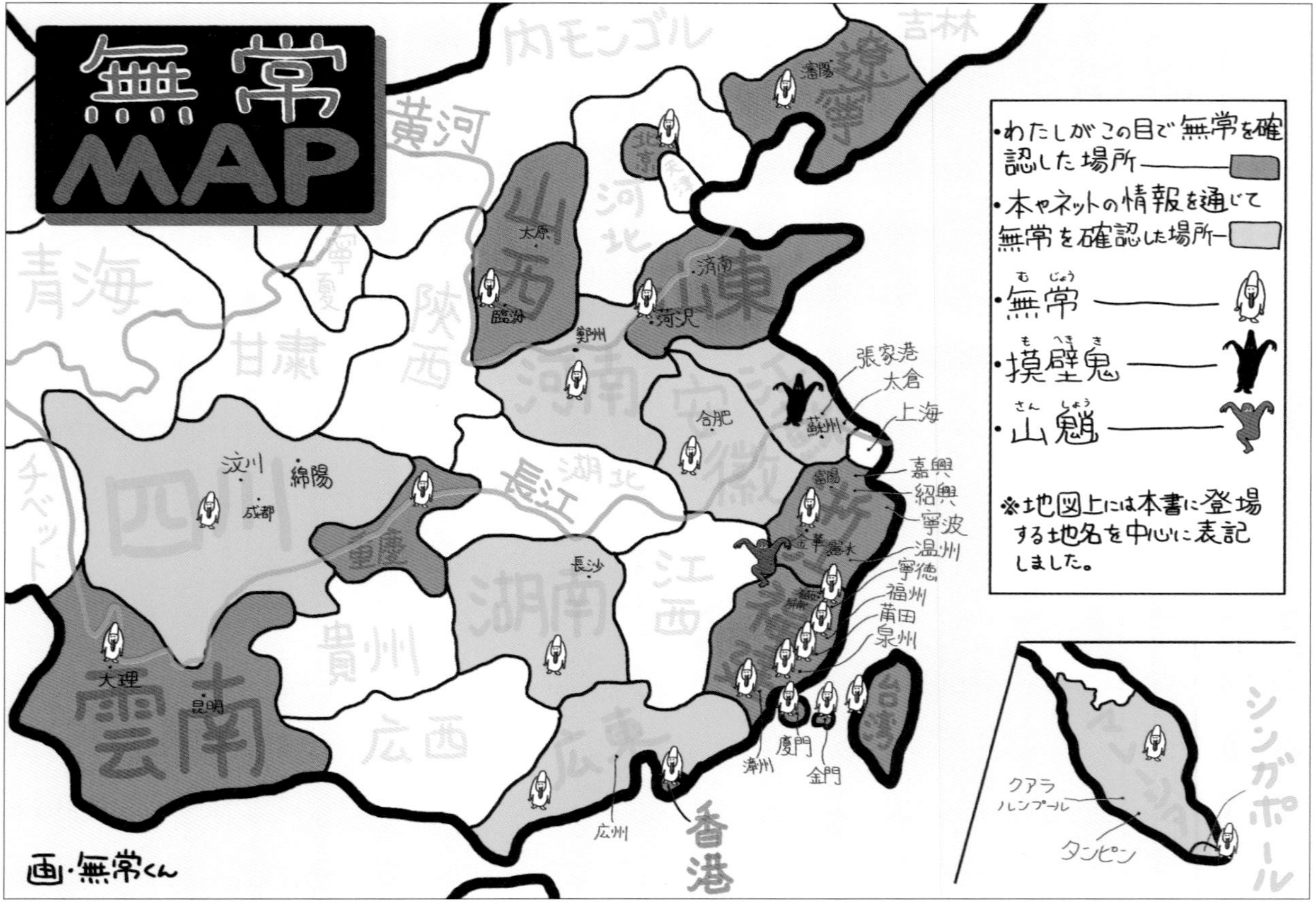

無常MAP
・わたしがこの目で無常を確認した場所
・本やネットの情報を通じて無常を確認した場所
・無常《むじょう》
・摸壁鬼《もへきき》
・山魈《さんしょう》
※地図上には本書に登場する地名を中心に表記しました。
内モンゴル
吉林
遼寧
瀋陽
黄河
青海
甘粛
寧夏
陝西
山西
太原
臨汾
河北
山東
済南
河沢
河南
鄭州
安徽
合肥
江蘇
張家港
太倉
蘇州
上海
湖北
長江
チベット
四川
汶川
綿陽
成都
重慶
湖南
長沙
江西
浙江
嘉興
紹興
寧波
温州
金華
麗水
福建
寧徳
福州
莆田
泉州
漳州
廈門
金門
台湾
貴州
雲南
大理
昆明
広西
広東
広州
香港
クアラルンプール
タンピン
シンガポール
画・無常くん

まえがき――なぜ無常なのか

本書は、無常《むじょう》という名の中国の死神について論じるかなりマニアックな代物である。なぜあなたは、このようなひどく役に立たなそうな本を手に取ってくれたのか。おそらくそれは、その怪しげな書名、あるいは気色の悪いカバーに何かビビビッとくるものを感じ取ってくれたからではないだろうか。

少なくとも私はそうだった。私が無常にハマり、二十代という本来であれば人生が最も目まぐるしく展開するはずの時期を無常なんぞにまるまる無為に捧げてしまったのは、ひとえに「コイツ何かある！」とビビビッと直感したからなのだった。

「ビビビッときたから」――学術論文や学会発表の場で発せられる「なぜ無常なのか」という問いに、そう答えてすませることはできない。そうした場では、学術史を踏まえながら無常研究の意義や価値を客観的・論理的に説明しなければならないからだ。そこに「ビビビッ」などという主観的で感覚的な概念（？）が入る余地などない。

だが、あえて本書ではその禁忌を犯してみようと思う。これまでなかなか語る機会が得られなかったビビビッの感覚を存分に開陳し、私が無常に対して覚えたごく個人的な感動を読者にもリアルに追体験してもらえるような記述を心がけたいと考えている。

その意図は明快だ。本来、中国はビビビッに満ち満ちた場所にもかかわらず、そんな魅力が日本人には十分に伝わっていないからである。言い換えれば、中国は予備知識なしにフラリと訪れても全然イイ場所にもかかわらず、なぜか歴史マニアや国際政治マニアなど、お勉強好きで知識豊富な人たちしか興味を示さないお堅い国になってしまっているからだ。だからこそ本書では、屁理屈をこねると同時に、その根底にあったはずの五感の揺れ動きを包み隠さず披露することで、過度に頭でっかちでコチコチになった中国像を少しでももみほぐすことができればと考えた次第である。

とはいえ、このようにビビビッなどと擬態語ばかり連呼していてもいまひとつピンとこない方もいることだろうから、ここらでやや解像度を高めながら、私が無常研究ひいては中国研究を志すきっかけになった原体験的エピソードを語っておきたい。

このエピソード――名づけて「ウルトラマンの卵(1)」には、私が一貫して探求している中国の最も魅力的な側面の一つ(つまり、ビビビッな側面)が凝縮して表現されている。本書に響く通奏低音に耳を慣らす意味でも、ぜひご一読いただければと思う。

二〇〇〇年夏の某日、当時小学五年生だった私は、家族とともに北京の円明園《えんめいえん》に遊んでいた(その年は父親の仕事の都合で北京に暮らしていたのだ)。お昼寝時のためか人はまばらで、蟬の声だけがけたたましく鳴り響いていたのを覚えている。園内を目的もなくブラついていた私たちは、ある一画にお化け屋敷のようなものを発見。入ってみよう、ということになった。

暗闇のなかに足を踏み入れる。まず現れたのはゴワゴワした髪の毛が汚らしい首つり女の人形だった。そのかたわらには鬼卒《きそつ》のようなバケモノがいて、険しい表情で見物客を威嚇していた(といっても、私たちのほかに見物客などいなかった……)。

それらを横目に恐る恐る先へ進む。続いて現れたのは、なんとティラノサウルスだった。「恐竜かよ!」と心中ツッコミながら、なぜか下半身がゾクゾクするような愉快な気分になった。

「お化け屋敷」はその後も快調にボケ続けてくれた。針の山で血みどろになったおっさんがいたかと思えば、隣でステゴサウルスが草をはんでいたり、目の玉をくり抜かれ顔をゆがめるおっさんがいたかと思えば、その頭上をプテラノドンが優雅に飛翔していたり、血の池でグツグツ煮られるおっさんがいたかと思えば、そのほとりでブラキオサウルスが水（血）浴びしていたり……「地獄で苦しむおっさん」と「恐竜」のコラボが延々と繰り返されたのだった。

当初の緊張感はどこへやら、しまいに私と二人の弟たちはニヤケ顔で、「ハイまた恐竜～（笑）」「おっさんの隣に恐竜～（笑）」とかなんとか言いながら、ふざけた態度をとりはじめていた。調子に乗ると痛い目にあうのはこの世の常、その後まもなく私たちは奈落の底に突き落とされることになるのだった——。

出口付近にボロボロの老婆（人形ではなく生《なま》の）がうつむきぎみに座っていた。その奥には、暗くてハッキリしないが、仏像のようなものがかすかに見え、「五元一次（一回五元）」と書いてある看板が掲げられている。

私たちガキはその怪しすぎる雰囲気（というか、ほとんどが老婆への恐怖心）に硬直状態になっていたが、父と母が「アンタたち絶対やったほうがイイ！」と取り憑かれたようにオススメするため、恐る恐る老婆に近づきお金を渡すことに。老婆がムクッと生気を取り戻し、私の手からお金をひったくる、と同時に、壁に装着されたスイッチをバチン！と押した。

ゲームスタート。七色のライトがケバケバしく光り、仏像の姿を照らし出す。スピーカーから、「奥特《アオトー》曼《マン》！　奥特曼《アオトーマン》！」とひび割れた音が鳴り響く。弟たちが声をあげる。「あっ、ウルトラマンだ！」。そう、暗闇の奥に鎮座するその正体は、まるで楽山大仏《らくざんだいぶつ》（無表情＆メタボボディ）に赤い斑点をビッシリ描き込んだような、異形すぎるウルトラマンだった。

驚きのあまり瞳孔が全開になる。しかし、本当の衝撃はその直後に訪れた。「ゴトン！　……ゴトン！ゴトン！」。ウルトラマンの体内から異様な衝撃音が鳴り響く。老婆が「取れ！」と私たちに合図を送る。その指さすほうを見ると、小さな方形の口が開いている。恐る恐る手を差し入れ、なかの「景品」を取り出す。遠くでおびえている弟たちが私に尋ねる、「兄ちゃん、何出てきた？」。私は大きな声で答えた、「えーと、ゆで卵！」。そう、出てきたのは、三つのゆで卵だった。
わけがわからない。わからなすぎて、大喜びだった。あんなにゆで卵がうれしかったことは後にも先にもない。ひとしきり爆笑した私たちは、それぞれにウルトラマンの卵を握りしめ、恍惚とした表情でお化け屋敷を後にしたのだった（帰宅後、ウルトラマンの卵はなんか気持ち悪かったので母においしく食べてもらいました）。

さて、この事件以来、中国のそこかしこにひそかに（あるいは堂々と？）転がる「ウルトラマンの卵」が、どんどん目に飛び込んでくるようになった。そのたびにビビビッの感覚が身体中を駆け巡り、「もしかしておれってウルトラマンの卵を探すために生まれてきたのかしら？」と、わけのわからない使命感を強めていった。その後、大学、大学院と自分なりの中国研究を進めることになったのも、あるいは、本書の土台になる博士論文に八年もかけて取り組むことになったのも、すべては「ウルトラマンの卵」という原体験に突き動かされたためなのだった。

ただし、念のため述べておきたい。私は本書で、無常という「ウルトラマンの卵」をいわゆる「B級スポット」の枠組みで語るつもりは、あまりない。むろん、それが社会一般の価値観でいうところのB級なるものと親和性が高いことは十分に承知しているし、読者が本書をどのように読むのかはまったくの自由である。ただ、当の私がそれをB級だと思ったことは一度もないし、そのように扱うつもりもないということはあえて強調しておきたかったのだ。その理由は端的にいえば、ワイドショー的「B級中国論」とは別の仕方で、つまりはちゃかさない方法で中国のビビビッな側面を語ってみたいと考えたからなのだった。

したがって、本書では無常について斜に構えずクソ真面目に論じるつもりである。しかし、再三述べたとおり、それは学術論文のように記述することを必ずしも意味しない。つまり、無常をB級として軽く扱うようなこともせず、かといって学術的権威によって祀り上げるようなこともしない、いわば第三項としての等身大の無常論

(あわよくば中国論)になることを目指しているのである。

注

(1)「ウルトラマンの卵」は、ほうぼうで書いたり話したりしている、私のお気に入りの思い出(持ちネタ)の一つである。初出は、拙稿「無常のすみか――中国の「地獄廟」を巡って」(「火輪」第四十一号、「火輪」発行の会、二〇二〇年)。

序論　謎多き無常

無常との出会い

あれは、修士論文のテーマ「中国の巨人と小人」に取り組んでいたときのことだった（図0―1）。私はこのテーマで、巨人（極度に背が高い人物）と小人（極度に背が低い人物）に対する中国人のまなざしについて考察しようとしていた（理由はもちろんビビビッときたから）。その過程で、「点石斎画報《てんせきさいがほう》」(1)という清末の絵入り新聞をあさっていたのだが、そのなかに「曹交再世」という記事を見つけた。この記事は、当時福建にいたというノッポの警察官（とチビの友人）が引き起こした珍事（あるいは惨事）について報じたものだった。そのクライマックスを以下に引用しよう。

> ある日の晩、ノッポの警察官が署を出て、友人と散歩をしていた。その友人は背がとても低かった。二人がある家の前を通りかかったとき、ちょうど婦人が門前にしゃがんで神さまに供物を捧げ、紙銭を燃やしてい

THE CHINESE GIANT CHANG, AND DWARF CHE-MAH, AT THE LONDON AQUARIUM.
(From Photographs.)

図0-1　西洋で見世物にされる清末の巨人と小人
(*Scientific American Supplement*, No.255)
19世紀の西洋人は巨人と小人を物差しで測定し、両者（あるいは、自身を含む三者）の差異を愛でた。一方、当時の中国人は「差異」ではなくある別の認識システムのもと巨人と小人をまなざしていた——。
（出典：「Hathi Trust Digital Library」〔https://babel.hathitrust.org/cgi/pt?id=pst.000018628104&view=1up&seq=758〕［2023年2月14日アクセス］のアーカイブから転載。*Scientific American Supplement* の当該記事はパブリック・ドメインになっている）

図0-2　「点石斎画報」に描かれた無常の姿
（出典：「無常行刼」〔楽12〕）

た。当初、婦人は二人の存在に気づいていない様子だったが、ふと顔をもたげたところ、ノッポとチビの姿が見え、少しずつこちらに近づいてくるので、無常が出たものと思い、驚きのあまり地面に倒れ、失神し、それが原因で死んでしまった。（「曹交再世」利十二）

婦人は暗闇に突如現れたノッポとチビに驚き、卒倒して死んでしまったという。ただし、婦人が死ぬほど驚いたのは、彼らがノッポとチビだったからではない。正確には、傍線部にあるとおり、ノッポとチビという視覚イメージをトリガーに「無常」なるものが幻視されたからである（ことほどさように、清末の人々は異様なモノに出合うと、モノそれ自体を見つめるのではなく、そのモノに似た既知の何かを連想して驚いたり喜んだりするアナロジー癖《へき》があった[2]）。では、婦人を死に至らしめたその無常とはいったい何者なのか。

そんな素朴な疑問を抱きながら、引き続き「点石斎画報」をパラパラめくっていると、くだんの無常を描いた記事を多数発見することになった。「点石斎画報」の記事はのちに詳しく論じるので、ここでは一例を示すにとどめるが、私はそれを目の当たりにした瞬間、ビビビッの感覚とともに「ああ、これは完全にウルトラマンの卵だ」と直感した（図0―2）。と同時に、（修士論文も書き終えていないのに）博士論文のテーマを「無常の研究」と決めてしまったのだった。

しかし、それはそうと、肝心の問題——なぜ「無常」と「ノッポとチビ」の間に連想関係が成立するのかは依然として不明なままだった（見てのとおり、無常はぜんぜんノッポとチビじゃなかったからである）。

無常とは

疑問はいっこうに解消されぬままだったが、調査を続けるうちに、無常とはどのような存在なのかがおぼろげながらつかめてきた。

まず、無常とは、一言で表現すれば「中国の死神」であることがわかった。ただし、中国語の語彙により即して表現すれば、無常とは「勾魂使者《こうこんししゃ》」である。つまり、寿命が尽きようとする者の魂を捉えにやってくる冥界からの使者が無常といえた。

無常という名も、前述の性格に密接に関係していた。周知のとおり「無常」とは仏教の概念であり、この世の一切は生々流転するという意味だ。だが、中国ではこの宗教概念があるときから徐々に通俗化し、「この世の一切は生々流転する」→「人はいずれ死ぬ」→「無常＝死」という用例が広まり、さらに死の象徴である勾魂使者を無常と呼ぶ習慣が定着した（この経緯について詳細は後述）。

無常の視覚イメージに関しては、白無常《はくむじょう》と黒無常《こくむじょう》がペアになる形態が最もオーソドックスであり、一般に両者を合わせて黒白無常《こくはくむじょう》と呼ぶ（図0―3）。それぞれコックさんのような高帽子をかぶり、帽子には「一見生財（ひとたび出会うと大儲け）」や「天下太平」などと、死神のくせにめでたい文言を掲げている。また、白無常は傘や扇子を持ち、首に元宝《げんぽう》〔餃子のような形をした中国の昔のお金〕を掛け、黒無常は亡魂を捉える際に使用するのだろう鎖を握りしめている。白無常が長い舌をダラリと吐き出しているのも見逃してはならない。

図0-3　無常の標準的なイメージ
（出典：『玉歴宝鈔』2002年題名弘法寺印行本）

さて、そんな無常は、日本ではほとんど無名の存在だが、本場中国ではきわめてポピュラーである。例えば、かの魯迅も無常を題材とした随筆――その名も「無常」（『朝花夕拾』所収）を残しているし（図0―4）、近頃では『Identity V 第五人格』や『山河令』などゲームやドラマの登場人物としても広く親しまれている（実は、それらの作品を受容する日本人ファンの間では、無常の知名度

写真0-1　福建省福州市で撮影したノッポとチビの無常（撮影日：2019年10月13日）

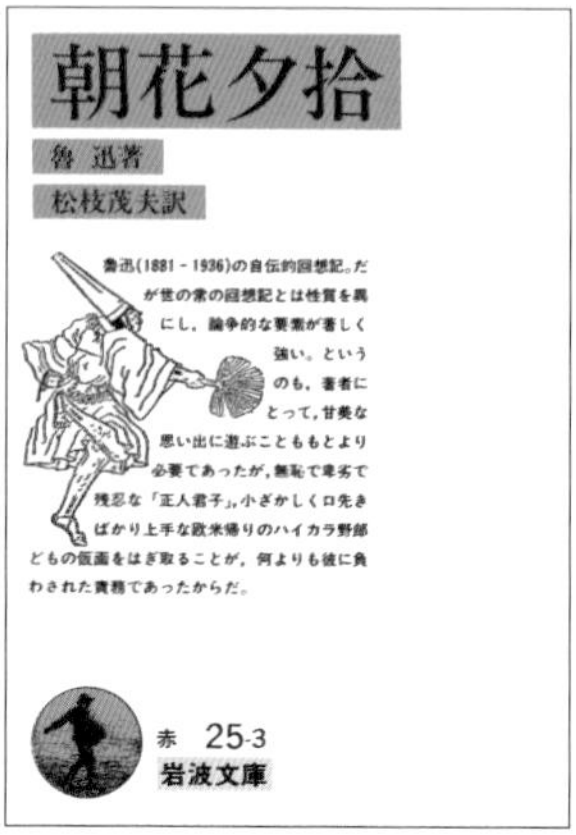
朝花夕拾
魯迅著
松枝茂夫訳
魯迅(1881－1936)の自伝的回想記。だが世の常の回想記とは性質を異にし，論争的な要素が著しく強い。というのも，著者にとって，甘美な思い出に遊ぶことももとより必要であったが，無恥で卑劣で残忍な「正人君子」，小ざかしく口先きばかり上手な欧米帰りのハイカラ野郎どもの仮面をはぎ取ることが，何よりも彼に負わされた責務であったからだ。
赤 25-3
岩波文庫

図0-4　魯迅『朝花夕拾』（松枝茂夫訳〔岩波文庫〕、岩波書店、1987年）のカバーにデザインされた魯迅の無常イラスト

が例外的にかなり高い[3]。

ただし、その人気の中心はやはり民間信仰〔儒教・仏教・道教の教義を必ずしも知悉しない、あるいはそれらについてまったく無知な一般大衆によって練り上げられた信仰〕の領域にあり、城隍廟《じょうこうびょう》や東嶽《とうがく》廟《びょう》など冥界と密接な関係をもつ廟で無常は盛んに祀られている。さらに、その信仰範囲は、中国国内にとどまらず台湾や東南アジア〔主に華人社会〕にまで広がっているのである。

と、ここまで事態が明らかになったところで、ようやく先の「曹交再世」に確認されたアナロジーの謎が解けることになった。というのも、台湾人や東南アジアの華人、あるいは〔多くの場合、彼らのルーツである〕福建で祀られる無常の姿が、まさに「ノッポとチビ」だったからである〔写真0―1〕。思い返せば、「曹交再世」で報じられたあの事件の現場も確かに福建だった。

フィールドワークで探る無常の謎

このように、無常についての知識は徐々に増えていった。しかし、おかげで無常をめぐる問題がきれいに解消されたのかといえばむしろ逆で、反比例的に疑問は増殖していった。

例えば、なぜ福建系の無常だけがノッポとチビなのか、なぜ無常はペアだったりソロだったりするのか、そもそも無常はいつの時代に、どの地域で、どのような背景のもとで誕生し、現在まで伝わる

のか、なぜ死神のような不吉な存在を人々は拝むのか、死神なのになぜその帽子にはめでたい文言が書いてあるのか、そもそもあの奇妙な高帽子はなんなのか……など。

確かに、無常に関する先行研究は少なからず存在した。特に、本書でもたびたび参照することになる馬場英子と川野明正による論考は、資料価値と議論の深度でも突出した無常研究といえた。しかし、それらの成果をもってしても、前述の疑問に必ずしも十分に回答できているとはいいがたかった。

この時点で私は無常がいい研究テーマになることを確信したのだった（やはりビビビッの感覚は間違っていなかった！）。

研究開始当初は、日本国内で主に文献に依拠した調査をおこなった。新聞の三面記事（先ほどの「点石斎画報」など）、実話系怪談（筆記の類い）、地獄ガイドブック（『玉歴鈔伝《ぎょくれきしょうでん》』という勧善書）……などに無常に関する記述や図像を見つけることができた。それらをよりどころに若干の考察も試みた。しかし、無常という研究対象の性質上（つまり、一般大衆によって信仰され、一般大衆によって語られるごく低位の鬼神であるという性質上）文献調査には限界があった。

そこで私は、長期留学制度を利用して、中国でのフィールドワークに乗り出すことにした。二〇一七年九月から二〇年二月までの約二年半、福建省の廈門《アモイ》大学を拠点としながら、中国各地の無常状況（廟に祀ってある無常の形態、無常を祀る廟の分布、無常信仰、無常伝承……など）を調査して回った。

結果、現地に行かなければとうていわかりえなかった膨大な無常情報を得ることができた。それに伴い文献調査を通じて構築された私なりの無常イメージも多くの点で修正を迫られることになった。なんといっても最大の収穫は、無常をめぐる子細な地域差を体感できた点にあった。福建内部でさえ、所変われば呼称も変わり、見た目も変わり、伝承も変わった。まして、全国規模ともなれば、一口に「無常」と名指すことさえ不可能に思えるほど、その内実は多様性に満ちていた。

このようにして、フィールドワークを通じて徐々に高まった無常リテラシーは、先に列挙した謎を次々と解きほぐしていった。本書は、そんなフィールドワークの過程をなるべく忠実に再現し、いわば中国をテクテク歩きながら無常に対する理解を深め謎を解決していく構成になっている。

おそらく旅が終わるころには、無常とは何かがすっかり脳内にインストールされていることだろうし、あわよくば漢民族の民間信仰一般についても、そのエッセンスが身につくよう設計したつもりである。旅路の途中には断崖絶壁をロッククライミングするような相当キツい箇所も二、三あるが、ぜひ頑張ってついてきていただきたい。

本書の構成

本書は三章で構成している。

まず、第1章「無常を採集する」では、あらゆる研究の基礎である「採集」という作業に焦点を当て、「カブトムシの捕まえ方」のように、どんな装備で、どこに行き、どのような方法を用いれば無常採集ができるのか、実体験に基づきながら解説する。

続く、第2章「無常を観察する」では、採集した無常を標本のように並置して「観察」の段階に入る。この段階では、各地で捕獲した無常たちを比較対照しながら、客観的なデータの抽出に努める。が、一部（というか大部）次章でおこなうべき「考察」に足を踏み入れていて、〈初期の無常〉から〈現在の無常〉までの変遷史を論じている。

最後、第3章「無常を考察する」では、観察によって抽出された無常データを突き合わせ、データ間の関係性を「考察」する。専門的な用語で言い換えれば、重出立証法＝比較研究法という手法を実践する。この手法によって、フィールドワークで採集された空間軸上のデータが時間軸上のデータに変換され、無常の歴史が紡がれることになる。特にこの章では、無常誕生の背景と原理を論じ、第2章の内容と合わせて無常の全史が完成する（そう、本書は、無常の誕生から現在に至るまでの変遷史の解明に重点を置いている）。

また、前述の三章のほかに、各章の間に五編の紀行文（名づけて「無常珍道中」）を挿入している。本書のなかでも、とりわけ「五感フル稼働の中国研究」を体現した箇所になっているので、ぜひお目通しいただきたい。

注

（1）テキストは、『点石斎画報』（広東人民出版社、一九八三年）を使用。
（2）拙稿「清末の巨人と小人へのまなざし――新聞・画報の見世物記事を主な資料として」（中国人文学会編「饕餮」第二十二号、中国人文学会、二〇一四年）を参照。
（3）漫画家・熊倉隆敏の『ネクログ』（全四巻、講談社、二〇一一―一二年）は、珍しく無常が登場する日本の娯楽作品である。この作品の読者も、無常についてある程度の知識をもっているのかもしれない。

第1章　無常を採集する

基本装備

あらゆる研究の基礎は「採集」、すなわち採って集めることにある。私の無常研究も、とにかく集めて集めて集めまくることからすべては始まった。この作業は、ある程度の時間と軍資金さえ確保できれば誰にでも遂行可能であり、多少おバカでもなんら問題にはならない。というより、むしろ損得勘定ができないおバカな人のほうが適性があったりする。

ただし、コツのようなものも当然あるにはあるわけで、それを知らないと大いに遠回りをすることになる。例えば、その筆頭に挙げられるのが、装備をめぐる問題である。「昆虫採集」の入門書が必ず装備解説から始まるように、無常採集にも不可欠な装備、あれば便利な装備がある。したがって、まずはこの点から解説する。

ちなみに、以下に列挙するアイテムは、無常採集だけでなく、中国でフィールドワークする際の基本装備としても応用可能なものになっている（はず）。ぜひ参照のうえ、自身の中国研究に役立てていただきたい。

①スマートフォン

無常を採集するうえで最も重要なアイテムがスマホである。極端なことをいえば、スマホさえあれば、以下に列挙した各種アイテムが多少欠けていても十分に調査は成り立ってしまう。

例えば、ある程度の撮影スペックを備えたスマホが一台あれば、必ずしもデジカメを携帯する必要はない。「スマホで調査などけしからん！」という意見もあるだろうが、論文や書籍の挿図用写真を撮影する程度であれば、画質の面でも操作性の面でも下手なデジカメより優れたスマホはごまんと存在するので、非合理な偏見は捨てるべきである。

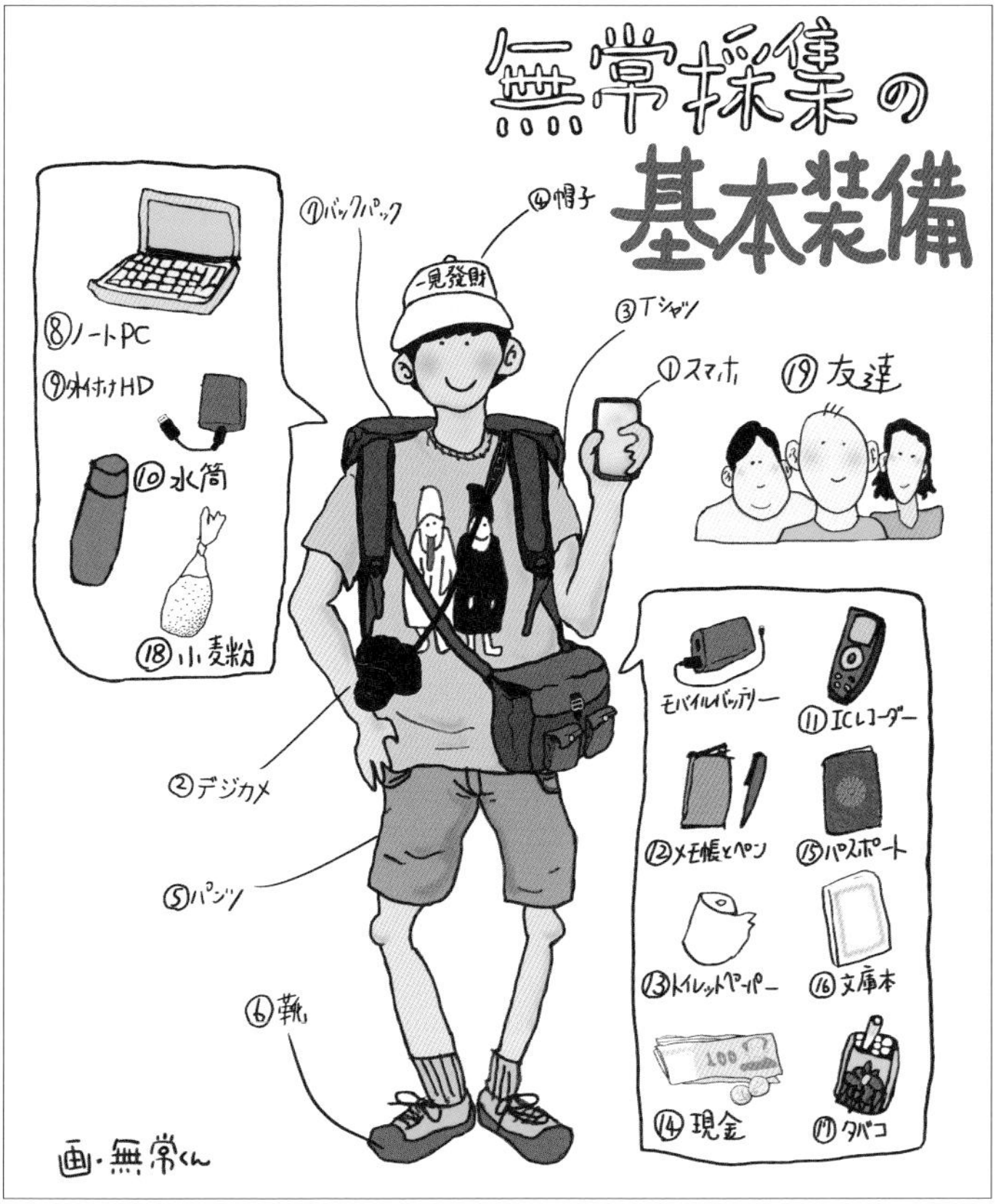

図1-1　無常採集の基本装備

また、スマホで撮影した写真は手軽に位置情報を記録できるなどのメリットもある。私が留学していた当時は、中国人フィールドワーカーの多くが「六只脚」というスマホアプリを愛用していた。このアプリを起動しながら撮影すれば、GPSによって自身の行動経路とともに写真を地図上に記録できるという優れものだ。

ところで、前述の「六只脚」のように、中国には謎のガラパゴス便利アプリが無数に存在していて、それらを使いこなすことで調査の効率も格段にアップする。例えば、中国では「グーグルマップ」が使い物にならないかわりに、「百度地図」や

「高徳地図」という独自の地図アプリが活躍している。これらのアプリは、無常の主な生息地である城隍廟や東嶽廟も周到に表示するため、アプリを起動し各廟を検索すれば、たちまちそれらは無常探知機として機能しはじめるのである。

このように無常採集に不可欠なスマホは、フィールドワークでは四六時中ピコピコいじることになる。したがって、モバイルバッテリーをカバンに忍ばせておくことを忘れてはならない。

②デジタルカメラ

先ほどの主張（「スマホがあればデジカメはいらない」）といきなり矛盾するようだが、私は無常を採集していた当時、スペックの低いスマホを使用していたこともあり、小型のデジタル一眼レフも携帯し、常に二刀流で撮影していた。そのうえでのアドバイスだが、デジカメに挿入するＳＤカードは、やや値が張っても書き込み速度がなるべく速いものを選ぶといい。

これは主に祭り（迎神賽会《げいしんさいかい》）で動く無常を撮影する状況を想定した話になるが、パレードで躍動する無常をうまく写真におさめるには連写機能が不可欠になる。しかし、その際に、書き込み速度が遅いＳＤカードを使用していては、数枚連写するとフリーズしてしまい、決定的瞬間を捉えることが難しくなる。最大書き込み速度「260MB/s」程度のものを用意できれば、とりわけ俊敏な黒無常も問題なく激写できるはずである。

③Tシャツ

私が留学した廈門大学では、フィールドワークの際に、大学のロゴが入った大学Ｔシャツを着用することが推奨されていた。特に、よそ者の来訪に慣れていない農村におじゃまする場合は、自身が不審者ではないことを地元の人たちに理解してもらう必要がある。その際に、大学Ｔシャツのロゴを指さしながら、「〇〇大学から来ました」と自己紹介することで、確かにある程度の信用を得ることができるのである。

一方、私はTシャツの別の活用法として、無常のイラストをプリントしたオリジナルTシャツを着て、しばしばフィールドワークに出かけるという手を使った。このTシャツのメリットは、「無常を探しています」というメッセージを視覚的に伝えられることにある。無常の呼称は地域によって千差万別のため、口頭で「無常を探しています」と述べてもなかなか意図が伝わらない場合が多いのだ。

ちなみに、「みだりに鬼神を洋服にデザインしてはならない、地獄に落ちるぞ」と、あるお坊さんに怒られたことがあるので、気になる人は要注意。

④帽子

帽子は白っぽいものがオススメ。中国では地域によって日本では体験しえないほどの強烈な日差しを浴びることになるので、帽子が黒いとすぐに熱中症になってしまう（実体験ずみ）。

⑤パンツ

調査が長期に及ぶ場合、衣服を手洗いして宿の自室で干すこともしばしば。窓が極端に小さかったり、湿度が異常に高かったりする場合も多々あるので、パンツに限らず衣服は速乾性の素材のものがオススメ。

⑥靴

一日に二、三万歩は歩くことになるので、歩きやすいスニーカーがオススメ。中国の雑貨屋で二束三文で売られている解放軍のミリタリーシューズ、通称「解放靴」を履くのもまた楽しい。ただし、私の場合は旅先で靴下を洗濯するのが面倒なので、真冬以外は裸足で履けるスポーツサンダルを愛用している。

⑦バックパック

無常採集の重要項目の一つに、寺廟で無料配布されている地獄ガイドブック『玉歴鈔伝』の収集がある。該書は様々なバージョンが流布しているので、ときに膨大な冊数をお持ち帰りすることになる。したがってバックパックがあると便利。

⑧ノートパソコン

基本的にパソコンは宿に置いておきたい。だが、格安のドミトリーに宿泊している場合は貴重品を携帯せざるをえない場合がある。そんなときにパソコンが大きすぎたり重すぎたりするとなかなか大変なので、小型で軽量のものがオススメ。

⑨外付けハードディスク

その日に撮影した写真や録音素材は、疲れていてもその日のうちにパソコンで整理し、外付けハードディスクやクラウドに二重三重に保存すべし。

⑩水筒

喉が渇いたら水を買えばいいので、水筒は必ずしも必需品ではない。しかし、中国では列車や駅のホームなど様々な場所に無料の給湯器が設置されているため、水筒と茶葉をカバンに忍ばせておけば、旅の途中で優雅なティータイムを過ごすことができる（実際に中国人の多くはそうしている）。私はその習慣が染み付いてしまったため、日本でも常にマイ水筒を持ち歩いている。

⑪ICレコーダー

無常採集には、神像の撮影だけでなく、口頭伝承の聞き書きももちろん含まれているので、ICレコーダーは必須。ただし、カメラと同様にスマホの録音機能で代用も可（としておこう）。

⑫メモ帳とペン

メモ帳とペンは言わずもがなの基本装備だが、中国は方言大国なので筆談の道具という意味でも必須。重要な単語が聞き取れない場合は素直にメモ帳とペンを渡して書いてもらうといい。ちなみに私は、インフォーマント〔被調査者〕のお名前が聞き取れず、（非常識にも）赤ペンを渡したところ、「赤ペンは死人の名前を書くものだ」と大変怒られたので要注意。

⑬トイレットペーパー

田舎にいくとトイレに紙が備え付けられていない場合も多いので、トイレットペーパーを携帯していると安心（中国旅行の常識なので恥ずかしがる必要はない）。スタイリッシュな人はポケットティッシュでもいい。

⑭現金

「いまや中国はもっぱら電子決済なんでしょ？」というのはやや誤解で、現金だけで旅をすることも可能だし、電子決済メインでも念のために現金を携帯しておくのは常識。

⑮パスポート

列車の切符を購入する場合や宿にチェックインする場合など、様々な場面でパスポートが必要になる。安全で取り出しやすい場所に入れておきたい。

⑯文庫本

留学中、列車での移動中に、日本から持参した文庫本を読んでいたところ、隣の乗客に「日本から来たの？」と声をかけられて仲良くなり、その人の田舎で大変充実したフィールドワークができたことがあった。何がいいたいのかというと、文庫本に限らず「外国人」であることを示すアイテムは、交流のきっかけを作る重要な武器の一つになると私は考えている。流暢な中国語で親睦を深められればいちばんいいが、それが実力的になかなかない場合は、右も左もわからぬガイジンというハンディキャップを積極的に逆手にとってもいいのではないだろうか。むろん、そのせいでトラブルに巻き込まれることも当然ありうるので自己責任でどうぞ。

⑰タバコ

タバコがコミュニケーションの重要ツールになる時代は日本ではやや過ぎ去った感があるが、中国の農村ではいまだに有効な手段である。中国の基本的なタバコマナーとして、自分が吸う際には周囲の人々にもタバコを一本ずつ配るという習慣がある。それに倣って話を聞きたい人に一本差し出し、ともに紫煙をプカプカさせることでより親密な会話が成り立つ場合も多い。身体に悪いのでもちろん無理する必要はない。

⑱小麦粉

中国の寺廟には、寺廟建立の経緯が刻まれた石碑がしばしば建てられている。その石碑に彫られた細かな文字を鮮明化するために、石碑の表面に小麦粉を塗布する手法がある。廈門大学や中山大学の歴史学系フィールドワーカーはよくこの手法によって石碑を記録するため、やや自嘲ぎみに「小麦粉学派」と自称したりする。残念ながら無常の名が石碑に登場することはほとんどないが、この手法を知っておくとときどき役立つ。

⑲友達

無常に限らず、自身が現在進行形で探求しているテーマは、周囲の友人・知人に積極的に話したほうがいい。そうすることで私の場合は、「旅先で訪れたお廟に無常がいたよ」だとか「偶然読んだ資料に無常についての記載があったよ」だとか、独力ではとうてい把握しえなかった無常情報を続々とお寄せいただけた。こうした関係性は互助的なものなので、彼らに役立ちそうな情報を入手した際は、積極的にお返しすることを忘れてはならない。

では、これらの装備をそろえたうえで、どのような場所に行き、どのような方法を駆使すれば無常を採集できるのか、以下「廟」「祭り」「口頭伝承」の三項目に分けて解説したい。

1 廟（難易度：★☆☆）

無常採集で最も難易度が低いのは、廟に祀られた無常の神像を撮影することである。行動力さえあれば遂行可能な単純作業だが、これがなかなか重要であり、またなんといっても楽しい。

というのも、モノというのは膨大な数を収集していくと、おのずとモノとモノの間に関係性——類似性や差異性、そこから類推される時間軸上の変遷過程などが立ち上がってくるのだが、無常もその例外ではない。

撮影した無常の数が増えれば増えるほど、「おや、一口に無常といってもいろいろなバリエーションがあるなあ」だとか「Aタイプの無常はこの地域に集中していて、Bタイプの無常はあの地域に集中しているなあ」だとか「もしかしてAタイプが伝播の過程で徐々に変化してBタイプになったんじゃないだろうか」だとか、当初は並列的にみえていた無常たちの関係性が徐々に立体化してくるのだ。

私の場合は、留学先の廈門大学を拠点に約二年半、無常の神像を撮影して回った。具体的には、福建・浙江・

重慶・雲南・山西・山東・北京・遼寧……などで数百体の無常を撮影することができた（もちろんそれらは氷山の一角にすぎず、まだ見ぬ膨大な数の無常神像が中国各地・世界各地に潜在しているものと予想される）。

まずは、その経験をもとに、どのような廟を訪れれば無常に出会えるのか、各地で撮りためた無常写真とともに解説する。モノ（無常）とモノ（無常）の関係性はのちのち詳細に検討するので、さしあたりそのバリエーションを漫然と体感していただければ十分である。

無常はどんな廟に祀られているのか

結論からいうと、無常に会いたければ城隍廟や東嶽廟に行くのがいい。私も初めて訪れる土地では必ずスマホの地図アプリ（私は「高徳地図」派）を起動し、「城隍廟」や「東嶽廟」と検索しては、無常がいないかチェックしにいくようにしている。

本項では、そのようにして撮りためた写真のなかからいくつかの事例を選出し、無常が廟に祀られている様子を紹介する。だがその前に、なぜ無常がこれらの廟に祀られているのか、そもそも城隍廟や東嶽廟とはどのような廟なのか、中国人（この場合は特に漢民族）の宗教的宇宙観とともに解説したい。

ちなみに、重要な点なので強調しておくが、本書が考察対象とするのは、あくまでも漢民族の一般大衆の信仰である。言い換えれば、儒教・仏教・道教の教義を必ずしも知悉しない、あるいはそれらについてまったく無知な人々の頭のなかを覗くことが目的になる。なぜなら、序論でも述べたとおり、無常とは、儒仏道三教の教義とは必ずしも一致しない、民間信仰の領域で形成され、語り継がれる鬼神だからである。[1]

したがって、読者のみなさんも「これは仏教？　道教？　はたまた儒教？」という分類意識からは解放される必要がある。「福を招き災いを除いてくれるならなんでもあり」[2]という即物的で臨機応変な民間信仰のテキトーさに身を任せ、正解もなければ間違いもない変幻自在な信仰世界に思考をめぐらせたい。

さて、漢民族の宗教的宇宙は、「神界（天庭）」「人界（陽間）」「鬼界（陰間）」の垂直的三層構造で成り立っている、と渡邊欣雄は指摘する（図1―2）。この三界を支配するのは最高神・玉皇大帝《ぎょっこうたいてい》である。玉皇大帝は「人間の世界」でいうところの皇帝（いまでいえば国家主席？）に相当し、彼を頂点とする神々の官僚機構が組織されている。神々の職場は「神界」にとどまらず、「人界」や「鬼界」の管轄が任される場合もある。(3)

私たちがここで注目すべきは、「鬼界」を管轄する神々である。ちなみに、ここでいう「鬼《グイ》」とは、死者の霊魂のことであり、虎のパンツをはいた日本の「鬼《おに》」ではない。したがって、「鬼界」を管轄する神々とは、すなわち死者の霊魂を管轄する「冥界の神々（冥界神）」と言い換えることができる。そのヒエラルキーは東嶽大帝を頂点に、およそ図1―3のようになっている。(4)

では、「霊魂の管轄」とは、具体的にどのような業務を指すのだろうか。この問題を理解するには、現代日本人がぼんやりと共有している「死後、いい人は天国に行き、悪い人は地獄に行く」という死生観をいったん忘れる必要がある。なぜなら、漢民族の民間信仰では、ひとは死ぬと一律に最下層の「鬼界」へ導かれるとされているからだ（天国というのは神々の国であって、私たち凡人はみな地獄に行く、と理解してもいい）。

図1―4とともに解説を続けたい。死者の霊魂は一律に「鬼界」へ導かれる。この霊魂の輸送業務が、まずは冥界神の重要任務の一つになる。冥界のトップに君臨して人々の寿命を司る東嶽大帝から、「どこそこの誰々がそろそろ死ぬ、捕らえてまいれ」と指令が下る。その指令を、部下である城隍神が受け、さらにその部下である土地神や竈神《そうしん》、あるいは霊魂勾引の専門家（すなわち勾魂使者）である無常へと指令が伝達されるのである。

一方、冥界神にはもう一つの重要任務がある。それは、悪鬼と化した霊魂を鎮圧することである。というのも、「鬼界」に導かれた霊魂は、大きく以

図1-2　漢民族の宗教的宇宙（筆者作成）

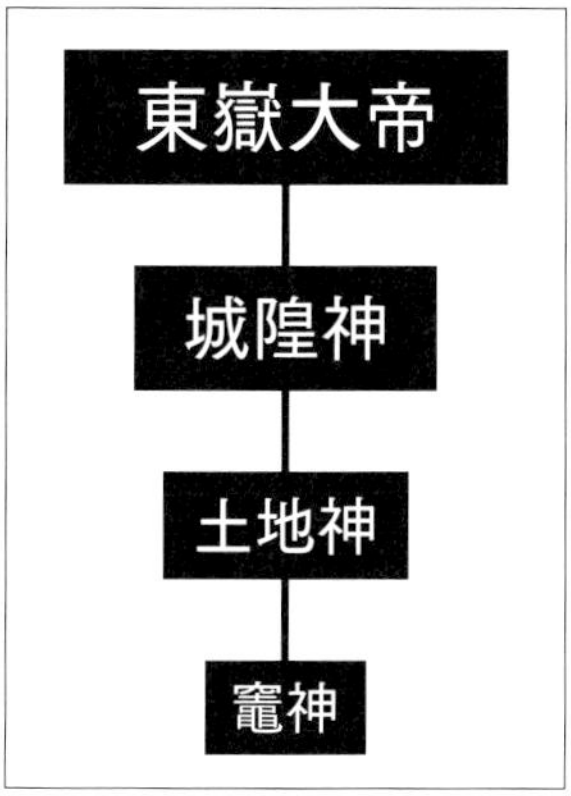

図1-3　冥界神のヒエラルキー（筆者作成）

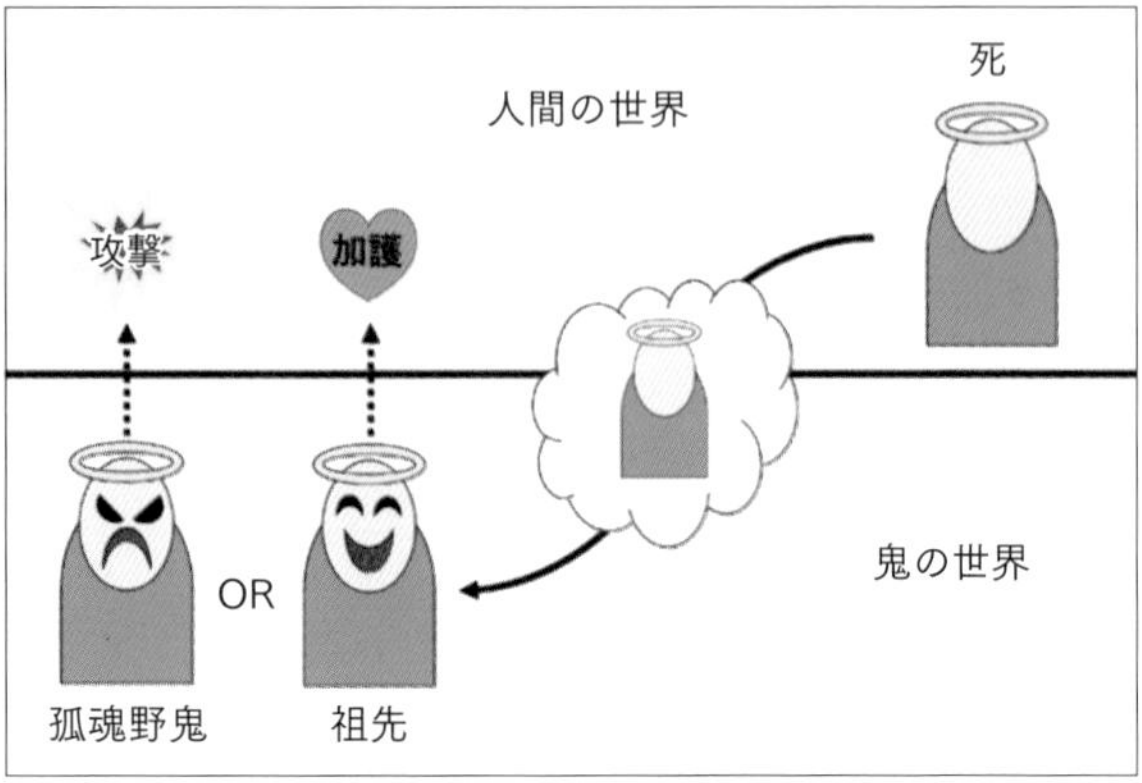

図1-4　漢民族の考える死後の世界（筆者作成）

下の二種類——天寿を全うし子孫が正しく祭祀するいい霊魂としての「祖先」と、横死したり無縁だったりする悪い霊魂としての「孤魂野鬼《ここんやき》」の二種類に分類されるのだが、後者がしばしば「人界」に危害を加えると考えられている。やはりこの場合も、東嶽大帝や城隍神の下命のもと、無常が孤魂野鬼の捕縛に奔走するのである。

ところで、こうした無常を含む冥界神たちは、悪鬼だけでなく、「人界」でうごめく生きた悪人をも処罰すると考えられている。そのため、例えば私が福建の諸廟で「無常とはどんな存在ですか？」と尋ねた際には、「公安局の公安みたいなものかな、悪いやつらを捕まえてくれるんだ」という答えがしばしば返ってきたものである（無常の第一義的業務であるはずの「死者の霊魂を輸送すること」が、彼らの口から開口一番に語られることは意外にも少ない）。

さて、以上の説明から、「なぜ無常が城隍廟や東嶽廟に祀られているのか」という疑問はおおよそ解消されたものと思われる。要するに、無常は冥界神である城隍神や東嶽大帝に付き従う冥界の使いっ走りとされていて、そのために城隍神や東嶽大帝を祀る廟（本書の「無常珍道中」では、これらの廟をあえて「地獄廟」と呼んでいる）にその姿が散見される、というわけである。

では、こうした知識を踏まえたうえで、私が訪れた廟からいくつかの事例を選出し、実際に無常が祀られている様子を個別具体的に紹介していこうと思う。

城隍廟・東嶽廟の無常

現在、中国（大陸）で無常信仰が最も盛んなのは福建省である。当地の城隍廟に行けば、まず間違いなく無常

写真1-1　①石獅城隍廟（福建省泉州市石獅市）［左：白無常、右：黒無常］（撮影日：2017年12月10日）

を拝めると考えていい。

①石獅城隍廟（福建省泉州市石獅市）

写真1―1は泉州の石獅城隍廟で撮影したものだが、このように廟の正門から足を踏み入れると、右手にノッポの白無常、左手にチビの黒無常が祀られていることが多い。ちなみに、これら福建系無常には、しばしば「謝必安《しゃひつあん》」（＝白無常）・「范無救《はんむきゅう》」（＝黒無常）という姓名が与えられていて、これは他省の無常には確認されない珍しい特徴になっている。

②廈門城城隍廟（福建省廈門市）

福建省、特に閩南《びんなん》地域（廈門・漳州・泉州）の城隍廟は、台湾や東南アジアの諸廟との交流が盛んで、私も廈門大学留学中に廟同士の国際交流をしばしば目の当たりにした（具体的にどのような交流をしているのかは後述）。

例えば、写真1―2に写る白無常の姿をした男性は、廈門城城隍廟を訪れたシンガポールの童乩《タンキー》〔福建・台湾・東南アジアなどの閩南文化圏で活躍するシャーマンのこと〕である。管見のかぎり、大陸には無常を憑依させる童乩は存在しないため、私にとっては大陸にいながらにして東南アジア華人独特の無常信仰にふれる得がたい機会になった。「無常信仰の発展原理2――東南アジア華人の無常信仰

写真1-2　②厦門城城隍廟（福建省厦門市）［左：城隍神と黒白無常、右：白無常の童乩］（撮影日：2019年3月22日）

写真1-3　③東嶽廟（福建省福州市長楽区）［左：白無常、右：黒無常］（撮影日：2018年9月24日）

を事例として」（一一〇ページ）では、その際の体験をもとに若干の考察を試みている。

③東嶽廟（福建省福州市長楽区）

閩南地域では、無常はもっぱら城隍廟に祀られているが、莆田《ほでん》そして福州のほうへと北上すると、無常の姿は東嶽廟とそのほかの廟にも散見されるようになる。莆田・福州は、福建のなかでも無常を祀る廟が特に集中した地域である。

写真1-4　④東岐境嶽宗廟（福建省福州市馬尾区亭江鎮東岐村）［黒白無常］（撮影日：2019年6月16日）

④東岐境嶽宗廟（福建省福州市馬尾区亭江鎮東岐村）

ちなみに、莆田での黒白無常のポピュラーな呼称は「阿大阿二」、福州は「高哥矮八」となっている（ただし、普通話で発音しても通じないので要注意）。また、両地域の白無常は、どうしたわけか皮膚の色がしばしば緑色である。

⑤詔安城隍廟（福建省漳州市詔安県南詔鎮）

ところで、漳州の詔安城隍廟に見つけた「日巡《にちじゅん》」「夜巡《やじゅん》」と呼ばれる黒白無常は、いわゆる福建系無常とは異なり、白無常と黒無常の間に身長差が確認されなかった。当地が広東省に隣接した「福建の辺境」であることが関係しているのだろうか。

⑥永鎮城隍廟（福建省寧徳市福安市）

ガラスが曇っていてやや見にくいが、福安市の永鎮城隍廟で

写真1-5　⑤詔安城隍廟（福建省漳州市詔安県南詔鎮）［左：白無常、右：黒無常］（撮影日：2018年6月23日）

写真1-6　⑥永鎮城隍廟（福建省寧徳市福安市）［黒白無常と鬼卒たち］（撮影日：2019年2月22日）

採集された無常も、先の事例と同様に福建系ではなかった。当地の場合は、浙江省に隣接した辺境であることが関係しているのだろうか。

⑦孝順城隍廟（浙江省金華市金東区）

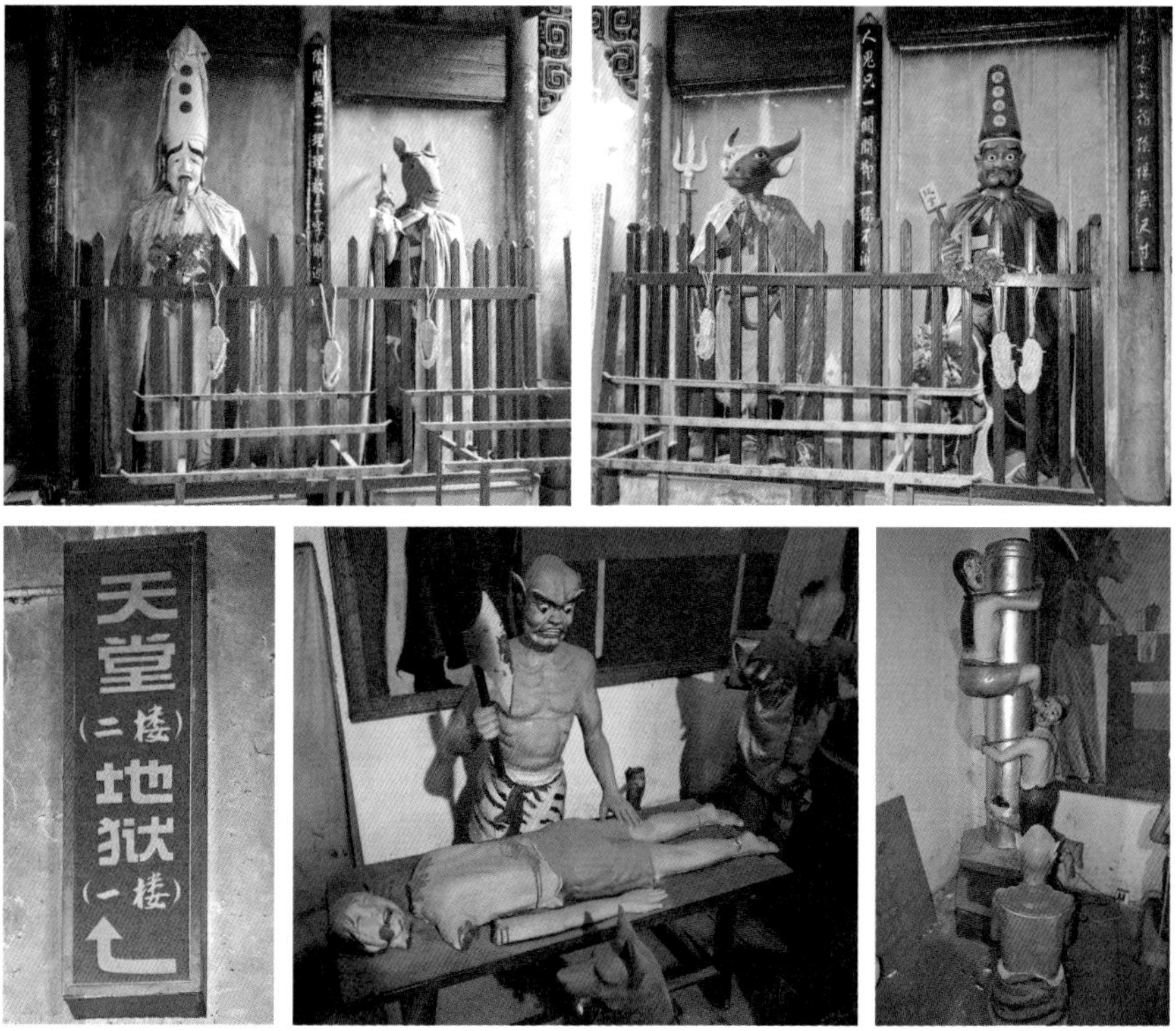

写真1-7　⑦孝順城隍廟（浙江省金華市金東区）［左上：白無常、右上：黒無常、左下：天国と地獄への道標、中下：亡者と鬼卒、右下：亡者と鬼卒］（撮影日：2019年10月25日）

浙江省金華市の孝順城隍廟では、凸凹コンビの福建系とは打って変わって均一な背丈の黒白無常が祀られていた。また当廟には、天国と地獄の様子を再現した天国パノラマと地獄パノラマが設置されていて、前者は神々の塑像を、後者は鬼卒にいたぶられる亡者たちの塑像を展示していた。「勧善懲悪」という教育効果を期待した施設とのことである。

⑧義烏東嶽宮（浙江省金華市義烏市）

同じく金華にて、地図アプリで「東嶽廟」と検索したところ義烏東嶽宮なる廟がヒット。訪れてみると、メインになる東嶽廟に東嶽大帝と配下の神々が祀られていた。その傍らには、やや小ぶりの城隍廟があり、なかに城隍神と配下の鬼卒たちが祀られていて、無常の姿も確認された。本節冒頭で解説した、冥界のヒエラルキーがよく体現された廟といえる。ちなみに、写真を見てのとおり、浙江では珍しい短軀の黒無常が確認された（福建系凸凹無常の分布に関しては、さらなる調査が必要といえる）。

写真1-8　⑧義烏東嶽宮（浙江省金華市義烏市）［黒白無常］（撮影日：2019年10月24日）

写真1-9　⑨大理城隍廟（雲南省大理市大理古城南門外）［左：白無常、右：黒無常］（撮影日：2019年7月7日）

写真1-10　⑩大理東嶽宮（雲南省大理市大理古城北門外）［左：白無常、右：黒い神殿］（撮影日：2019年7月7日）

⑨大理城隍廟（雲南省大理市大理古城南門外）

雲南省もなかなか無常が多く生息している地域である。大理の城隍廟には、「一見人才」と珍しい文言を掲げた黒無常が確認された（白無常はごく一般的な「一見発財」だった）。大理の無常事情に詳しい川野明正によれば、当地では無常が財神として拝まれる一方、勾魂使者としての性格を知る者は少ないという(5)。

⑩大理東嶽宮（雲南省大理市大理古城北門外）

また、大理東嶽宮の場合は、白無常の神像がある一方、黒無常の神像はなく、ただ「黒衣差神」「一見発財」と掲げた真っ黒な神殿が祀られているだけである。大変珍しい事例といえる。

⑪鳳儀東嶽宮（雲南省大理市鳳儀鎮）

孝順城隍廟（⑦）と同様に、大理の鳳儀東嶽宮にも十王信仰を反映した巨大な地獄パノラマが併設されていた。傑作ぞろいのためすべての塑像を見せたいが、紙幅の都合上ここにその一部を紹介する。

⑫城隍廟（北京市延慶区八達嶺鎮）

いまや北京は民間信仰不毛地帯の様相を呈しているが、延慶区や昌平区などの辺境に足を延ばせば、無常をはじめまだまだ面白いものがたくさん残っている。

写真1-11　⑪鳳儀東嶽宮（雲南省大理市鳳儀鎮）［全：地獄パノラマの様子］（撮影日：2019年7月6日）

写真1-12　⑫城隍廟（北京市延慶区八達嶺鎮）［上：白無常、下：黒無常］（撮影日：2019年2月12日）

⑬三村東嶽廟（山西省臨汾市襄汾県南辛店郷大陳村）

山西省は物見遊山した程度だが、当地には古い廟がかなり残っていて、無常との遭遇率もきわめて高かった。したがって、今後本格的に調査すべき土地として認識している。ちなみに、三村東嶽廟に祀られていた右掲の無常は、私がこれまでに遭遇したなかで最もオンボロの無常である。

写真1-13　⑬三村東嶽廟（山西省臨汾市襄汾県南辛店郷大陳村）[左：白無常、右：黒無常]（撮影日：2019年1月6日）

写真1-14　⑭蒲県東嶽廟（山西省臨汾市蒲県）[城隍神と黒白無常]（撮影日：2019年1月5日）

⑭蒲県東嶽廟（山西省臨汾市蒲県）

蒲県東嶽廟には城隍司と呼ばれる空間があり、そこに無常が祀られていた。また、当廟にも大規模な地獄パノラマが併設されていて、そこにも無常がいた。当廟の様子は「無常珍道中C」（一二三ページ）で詳しくレポートしている。

そのほかの廟の無常

「無常に会いたければ、城隍廟や東嶽廟へ行くのがいい」と私は述べた。むろん、それが最も効率的な方法なのだが、あくまでもビギナー向けのアドバイスである。本気で無常採集に取り組む場合は、訪れた土地のありとあらゆる廟をバカみたいにチェックする根気が必要になる。無常に出会えないことも多いが、城隍廟や東嶽廟ばかり巡っていてはわかりえなかった発見も多々あった。その成果の一部を以下に紹介したい。

写真1-15　①古楼宮（福建省廈門市海滄区西園村）［廟の壁画］（撮影日：2018年7月25日）

①古楼宮（福建省廈門市海滄区西園村）

保生大帝・王爺・媽祖……などを祀る閩南の諸廟には、しばしば閻羅王〔閻魔大王〕、とその配下である牛頭馬面〔牛頭馬頭〕や黒白無常を描いた壁画が見られる（一般的に壁画だけで神像は祀られていない）。それらは注生娘娘〔出産を司る女神〕の壁画と二枚一対の構造をなしていて、主神の左右でそれぞれ生と死を象徴している。

写真1-16　②阿大府（福建省莆田市秀嶼区山亭鎮港里村）［白無常］（撮影日：2019年11月10日）

②阿大府（福建省莆田市秀嶼区山亭鎮港里村）

福建系無常の特徴は再三述べてきたとおりだが、実のところ白無常がソロで祀られる事例も散見される。例えば、莆田では白無常を単体で祀る小さな廟が広範に確認された。私は廈門の馬巷鎮にも類似する事例を発見していて、当事例は「無常信仰の発展原理1――馬巷城隍廟の無常信仰を事例として」（九八ページ）で詳述する。

③普渡での目連戯（福建省莆田市涵江区江口鎮石庭・玉明堂）

目連〔釈迦の弟子〕が地獄に墜ちた母を救済しようと奮闘する「目連救母」物語に基づいた目連戯《もくれんぎ》という祭祀演劇がある。普渡〔孤魂野鬼を供養する儀式〕とセットで奉納されるケースが多く、無常も登場する。私が見た莆田の事例では、白無常だけが登場した。

④虎崗堌堆廟（山東省菏沢市鄄城県冀荘）

山東省の菏沢一帯の廟には「吉大哥《ジーダーグー》」と呼ばれる白無常が盛んに祀られている。吉大哥は、「無常珍道中A」（七一ページ）や「無常珍道中E」（一六七ページ）で詳しくレポートする。

⑤香港の諸廟

香港も十分に調査したわけではないが、白無常がソロで祀られる事例が多い印象である。ただし、油麻地城隍廟には、福建系の無常（謝范将軍）が祀られている。

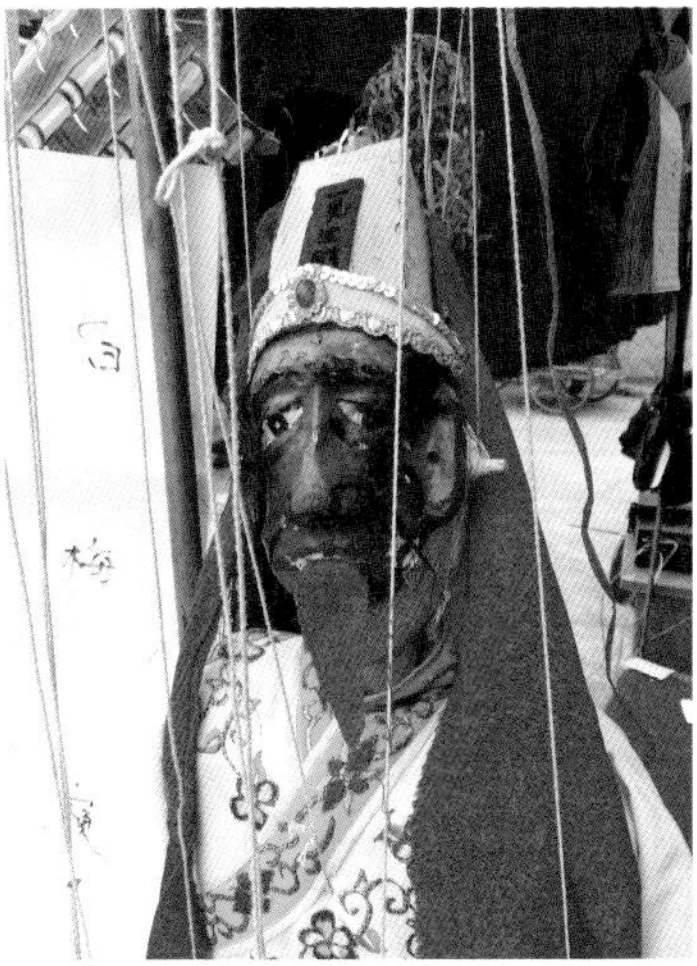

写真1-17　③普渡での目連戯（福建省莆田市函江区江口鎮石庭・玉明堂）[左：目連木偶戯上演の様子、右：白無常の人形]（撮影日：2017年12月18日）

写真1-18　④虎崗堌堆廟（山東省菏沢市鄄城県冀荘）[土地神と白無常]（撮影日：2019年1月10日）

⑥台湾各地の地獄パノラマ

台湾の諸廟に祀られる無常は基本的に福建系であると考えていい。ノッポの白無常とチビの黒無常を合わせて「謝范将軍」や「七爺八爺」と呼ぶのが一般的だ。しかし、南天宮や麻豆代天府に併設された地獄パノラマには、なぜか白無常の姿しか確認できなかった。

写真1-19　⑤香港の諸廟［左：油麻地天后古廟の白無常、右：油麻地観音楼社壇の白無常］（撮影日：2017年10月9日）

写真1-20　⑥台湾各地の地獄パノラマ［上：南天宮（彰化）の白無常、左下：同上、右下：麻豆代天府（台南）の白無常］（2017年2月25日）

2 祭り（難易度：★★☆）

廟で自由自在に無常を採集できるようになったら、次に挑戦したいのが祭りである。ここでいう祭りとは、主に神輿《みこし》の行列のことであり、専門的な中国語語彙で表現するならば迎神賽会《げいしんさいかい》となる。つまり、普段は廟のなかでジッとしている神像を担ぎ出したり、あるいは神さまのかぶり物を着てパレードしたりすることで、地域の禍を除き福を招こうとする行事である。

そんな迎神賽会は、無常を採集するうえでの絶好ポイントの一つになる。しかも、普段は廟内で静的に表現される神々のヒエラルキーが、パレードでは動的に表現されるので、無常の性格や立場をより体感的に理解することができるのだ。

ただし、迎神賽会での無常採集は、廟のそれに比べて難易度がやや高いのもまた事実である。なぜなら、現在、迎神賽会は中国全土にあまねく存在するものではなくなっているからであり、仮に実施されていたとしても、そもそもが地域社会に密着したローカル行事であるため、それがいつどこで催されているのか、部外者にはなかなか把握しにくいからである。

では、どうすれば迎神賽会を見学できるのか。実のところ、「地道に開拓せよ！」というほかないのだが、それではあまりに不親切なので、私の経験をもとに見学のコツを二、三ひねり出したい。

迎神賽会の見学方法

大前提として、無常が登場する迎神賽会を見学したければ台湾、大陸であれば福建へ行くのがオススメだ。前言とやや矛盾するようだが、これらの土地では迎神賽会があまりに頻繁に催されているため、散歩をしていたらたまたま神々の行列に遭遇してしまった、なんてことが十分に起こりうるほどである。

現に、私が生まれて初めて動く無常を目の当たりにしたのも、台南をブラブラ散策していたときのことだった。どこからか爆竹の破裂音が聞こえてきたので、音が鳴るほうに歩いていくと、なんと道路の真ん中を憧れの黒白無常がユッラユッラと闊歩していて、とても興奮したのを覚えている。

ちなみに、歴史的な記録を参照するかぎりでは、前述のような迎神賽会の活況は、民国期あたりまでは大陸全土でごく一般的なものだったようだ（図1—5、写真1—21）。しかし、その後の政治的な要因によって、いまでは福建とその他いくつかの南方地域でだけ残存あるいは復元されている状況にある。

さて、台湾や福建が迎神賽会のメッカであることはわかった。しかし、偶然に身を任せてブラブラするだけでは、むろん本格的な調査にはなりえない。では、どうすればそのスケジュールを前もって把握できるのか。

一つは、廟を巡るついでにいちいち尋ねるという、方法ともいえないような地道な方法がある。尋ね方として

図1-5　清末の蘇州で催されたお盆の迎神賽会
（出典：「盂蘭誌盛」「点石斎画報」〔辛6〕）

写真1-21　四川省綿陽市安県で催された城隍廟の迎神賽会（1917年撮影、Sidney D. Gamble Photographs Collection）
（出典：デューク大学図書館の「Sidney D. Gamble Photographs Collection」〔https://repository.duke.edu/dc/gamble/gamble_066A_362〕［2023年2月14日アクセス］から転載〔当該コレクションの写真はいずれもパブリック・ドメインになっている〕）

は、廟に祀られている神さまの誕生日から質問するのが個人的にはオススメだ。なぜなら、中国の神さまには基本的に誕生日が設けられていて、当該日にお祝いの意味を込めて迎神賽会ないし各種儀礼が執り行われる場合が多いからである。

ちなみに、神さまの誕生日は一般的に農暦で数えるので、その点は注意しなければならない（誕生日だけでなく神さま関連の日付は基本的にすべて農暦表記と記憶されたい）。例えば、「こちらの城隍神さまの誕生日はいつですか？」と尋ねて「六月二十四」（一般的に「日」は付けない）という返答があれば、それはまず間違いなく農暦の日付を指していると考えていい。また、その日に迎神賽会があるかどうかを尋ねる場合は、迎神賽会という堅苦しい用語ではなく、ややくだけた「遊神《ヨウシェン》」という表現を用いて、「六月二十四に遊神はありますか？」と尋ねると伝わりやすい。

とりあえずこのように質問しておけば、仮に誕生日に迎神賽会が催されないとしても、「うちの場合は、誕生日ではなく元宵節の前後に迎神賽会をおこなうんだ」などと話題はおのずと展開していくので心配無用である（そう、福建の場合は元宵節の前後に盛大な迎神賽会を催す廟も多い）。

一方、これらの地道な作業を一足飛びする方法もある。それは、地元の研究者（フィールドワーカー）と知り合いになることである。彼らには長年かけて蓄積した膨大なローカル情報と人的ネットワークがあるので、「無常が出てくるお勧めの祭りはありますか？」などと尋ねれば、めったな事情がないかぎり惜しみなく情報を提供してくれるはずである。

むろん、自身の足で開拓する地道な調査をおろそかにしてはならないが、中国というのはなにかと広大で膨大な国であり、すべてを自力に頼るのは無謀である。もし本格的に調査したいのであれば、留学制度などを利用して人脈作りをするのも有効な手段になる。

では、実際に前述の方法によって私が巡り合うことになった二つの迎神賽会——金門の迎城隍と福州の九案泰山十三郷巡遊について紹介する。

写真1-22　廈門城隍廟の進香団に便乗する私（撮影日：2018年5月25日）
留学中、懇意にしていた廈門城隍廟の進香団に便乗し、2018年と19年の2度にわたって、金門の迎城隍に参加した。この写真は、廈門の五通フェリーターミナルで、当廟が祀る城隍爺と城隍婦人を囲んで記念撮影したもの。最前列右端で旗を掲げているひときわ顔のデカい男が私。

金門の迎城隍

廈門からフェリーで三十分ほどの距離に、台湾が実効支配する金門島はある。閩南様式の古民家が並び、原っぱでは牛がモーモー鳴いているこののどかな島で、毎年農暦四月十二に迎城隍《げいじょうこう》という迎神賽会が催される。

祭り当日は、金門浯島《ごとう》城隍廟の分霊記念日(6)を祝うという趣旨のもと、金門全島にとどまらず、台湾本島や福建各地からも多くの廟がはるばる駆け付け、盛大なパレードをおこなう習わしになっている（このように遠方から参詣に駆け付ける行為を進香《しんこう》と呼ぶ）。

一般に城隍廟が主催するパレードには、無常が登場して開道《かいどう》〔露払い、切り込み隊長〕の役割を果たすことになっている。その慣例は当迎城隍でも例外ではなく、行列の先頭に、浯島城隍廟に祀られる謝范将軍（以下、謝・范）の姿が確認できた（写真1―23）。

一方、当パレードでは、謝・范のわずか数メートル後方に、もう一組の無常が闊歩していた（写真1―24）。その姿は、謝・范よりもいささか壮麗で、胸のたすきには顔督察使《がんとくさつし》（長軀のほう）、柳督察使《りゅうとくさつし》（短軀のほう）の文字が見えた。少なくとも私は、よそでこのような姓（顔・柳）と役職（督察使）が与えられた無常を目にしたことはなかった。顔・柳督察使（以下、顔・柳）とは、いったい何者なのだろう。

写真1-23　パレードの先頭を歩く謝将軍（白無常）と范将軍（黒無常）（撮影日：2019年5月16日）

写真1-24　謝范将軍の後方を歩く顔督察使（白無常）と柳督察使（黒無常）（撮影日：2019年5月16日）

顔・柳を率いる三山積善堂《さんざんせきぜんどう》という集団に前述の疑問を投げかけてみた。すると彼らは、自身のユニフォームにプリントされた「東嶽泰山」の四字を指さしながら、「顔・柳は東嶽大帝の部下だよ。その地位は謝・范よりもずっと高いのさ」と誇らしげに答えるのだった。

すでに確認したとおり、冥界のヒエラルキーで東嶽大帝は城隍神の上司とされる。したがって、その部下である顔・柳が（城隍神の部下である）謝・范よりも格上とされるのはわからない理屈ではなかった。しかし、私は納得すると同時に、そこに民間信仰特有の「なんでもあり感」も感じていた。顔・柳だの督察使だの、それぞれのさじ加減で無常に勝手に個別設定を与え、その結果（固有名をもつ）いろんな無常が同時多発してしまっているのである。自由すぎる、と素朴に思った。

だが、驚くのはまだ早かった。というのも、三山積善堂が率いる無常には、顔・柳のほかにさらにもう一体、顔・柳の周囲をちょこまかと動き回る甘将軍《かんしょうぐん》（以下、甘）というひときわ短軀のブサカワイイ黒無常がいた（写真1―25）。無常のあり方として「白無常○＋黒無常●＋黒無常●」などという組み合わせは前代未聞だし、そもそも（あまりに異様な造形のために）それが黒無常で

写真1-25　ひときわ短軀の甘将軍（撮影日：2019年5月16日）

あるのかさえ心もとなかった。顔・柳と行動をともにするこの甘とはいったい何者なのか。

私は、甘を率いる三山積善堂の幹部・林壬華《りんじんか》氏に、前述の疑問について問いかけてみた。すると、林氏は三山積善堂の歴史とともに、甘の数奇な来歴について語ってくれた。その内容をまとめると以下のようになる。

金門島には古くから福州系移民が暮らしていた。そこに、民国三十八年（一九四九年）、国民党の大陸撤退によって新たな福州人集団が流入し、新旧移民が混在する福州人コミュニティが形成される。三山積善堂はまさにそんな福州人コミュニティから発足した宗教団体だった（ちなみに「三山」とは福州の別称である）。

ただし、宗教団体といっても、その内実はごく素朴なもので、彼らは単に当地の迎城隍に参加したかったのだ。本来であれば、祭りへ参加するには自らが所属する廟が必要とされている。しかし、新天地でいまだ廟をもたざる福州系移民たちは、「三山積善堂」という架空の廟を立ち上げ、さらにはパレードを練り歩くためのかぶり物を故郷の記憶を頼りに自らの手で造形していった。

そうしてできあがったのが顔・柳の二体である。ただし、当時の顔・柳は、現在のそれとは造形がやや異なっていた。特に、初代柳は、現在の柳とは似ても似つかず、むしろ例の甘と瓜二つだった。

そもそも、柳と甘という二体の黒無常の最大の差異は「覗き穴」の位置にある（写真1―26）。柳は口から、甘は帽子の位置から外の様子が覗ける構造になっている（以下、前者をノーマル型、後者をブサカワ型とする）。そのため、仮に同じ人物がそれぞれの型を装着すれば、必然的にブサカワ型のほうがより短軀になるのだ。ちなみに、

図1-6　清末福州の黒無常（*Social Life of the Chinese*）
（出典：永尾龍造『支那民俗誌』第2巻〔東方文化書局、1971年〕304ページから孫引き）

写真1-26　柳と甘の覗き穴の位置の相違（筆者作成）

ユストゥス・ドゥーリトルというアメリカ人宣教師が清末の福州で記録した黒無常が、まさにそのブサカワ型になっていて、福州一帯ではごく一般的な造形だったことが推察できる（図1―6）。いずれにせよ初代柳は、そのブサカワ型だった。

ところが、本来ブサカワ型だった柳の造形は、あるきっかけによって大きく変化することになる。三山積善堂がかぶり物の自作をやめ、台湾本土の専門業者に制作を委託するようになったのだ。まさに、この制作の外部委託をきっかけに、柳の造形はブサカワ型からノーマル型へと変容した（ちなみに、現在の顔・柳は、外部委託するようになってから三代目にあたるという。写真1―27は二代目の頭部だが、やはりノーマル型である）。

さて、前述の事情から、いったん廃れることになったブサカワ型の柳だが、一九九〇年代のあるとき、昔を懐かしむ古参メンバーが福州の工房に初代柳の復刻を依頼する。その結果、ブサカワ柳が復活し、三山積善堂は［顔○＋柳●＋初代柳の復刻版●］という三体のかぶり物を所有することになった。しかし、造形の異なる柳が二体いるのはやはり奇妙だということで、彼らは柳の復刻版に新たな姓と役職を与えることにした。こうして誕生したのが、ほかでもない甘将軍だったのである。

以上が、林氏に取材した「甘の数奇な来歴」である。要するに、甘の正体とは初代柳の復刻版だった。言い換えれば、甘とはすなわち柳であり、両者は本来同一の存在だったのである。

しかし、そんな史実は、融通無碍な民間信仰の世界では、いとも簡単にねじ曲げられてしまう。現に、当地では甘の真の来歴を知る者はすでに数えるほどになり、むしろ「甘は顔・柳の生まれ変わりである」という言説さえまことしやかに語られはじめている[7]（写真1―28）。こうして史実は徐々に闇に葬られ、かわりに伝説が跋扈し

写真1-27　先代の顔柳督察使の頭部（撮影日：2019年5月17日）

写真1-28　林氏が営む理髪店に格納されている甘将軍（撮影日：2019年5月17日）
私が取材した2018年当時、甘将軍はまだ開眼法要をすませていなかった。そのため、廟には祀られず、林氏が営む理髪店に格納されていた（ちなみに、顔柳督察使も当初は民家に格納されていたが、その後いくつかの廟を転々としたあと、現在は万善祠という廟に祀られている）。今後、甘将軍が開眼し、正式に廟に祀られることになれば、それに伴い、さらに「伝説」が創造されていくものと予想される。

はじめるのである。

本項ではこれ以上の説明はあえて加えないが、金門島の甘将軍が示唆する「民間信仰の言説《ディスクール》は平気で嘘をつく」というテーゼは、「無常とは何か」を探求する私たちにとってきわめて重要な教訓になることをあらかじめ指摘しておきたい。

福州の「九案泰山十三郷巡遊」

金門島での取材以来、私は甘将軍のブサカワイイ造形に夢中になっていた。実は、林壬華氏もブサカリ型のほうが動きに躍動感があるし「好看《ハオカン》（美しい）」と言っていた。もしかすると、読者諸氏のなかにもすでにブサカワ黒無常に魅入られている人がいるかもしれない。

というわけで、そんなブサカワファンのために、ブサカワ黒無常が大量出現するオススメの迎神賽会を紹介したい。すでに林氏の証言で、ブサカワ型と福州という土地の密接な関係が示唆されていたが、やはり調査の結果、ブサカワ型は福州の固有種であり、いまなお当地の少なくない迎神賽会でその姿が確認できることが明らかになった。なかでも盛大なのが九案泰山十三郷巡遊である。

福建省福州市の一角――台江区と鼓楼区の隣接地帯、面積にして約三・五平方キロほどの区域には、東嶽大帝ではなく、その部下である温都統《おんととう》と康都統《こうととう》をもっぱら祀る、特殊な地域がある。そこはかつての行政区分で十三の村（郷《シャン》）に分かれていて、各村の廟で、一年ごとに持ち回りで温康二都統を祀っている（ややこしいことに、十三の廟がさらに九つの案《アン》に分かれていて、当地ではそれらをまとめて九案泰山府と呼称する）。

ただし、持ち回りといっても、その順序は固定的でなく、毎年農暦九月十二におこなわれる「問杯儀式《ポエ》」によって、移動先が決定される。つまり、ポエ〔一組の半月形の占い道具〕を介して、温康二都統のご神託（次はどの廟にお引っ越ししたいのか）をそのつど問うのである（写真1―29）。

この問杯儀式の前後には、約二週間に及ぶ迎神賽会が催され、その際に大量の無常が福州市内を練り歩くこと

写真1-29　問杯儀式（撮影日：2019年10月10日）
道士が儀式を主催する（舞台の両端に無常の姿が見える）。廟ごとにポエを投じ、3回連続で陰面と陽面の組み合わせを出した廟が次の受け入れ先になる。この年は山仔里陰陽専案堂という廟が引き当てた。

になる。スケジュールとしては、九月初一の「開堂」を皮切りに祭りはスタートする。ただし、実は開堂の前日（八月三十）に迎接護駕大将軍（護駕《ごか》大将軍のお出迎え）という儀式があり、ブサカワファンはこれを見逃さないよう注意しなければならない。

なぜなら、この護駕大将軍（つまり、温康二都統の護衛将軍）というのは、すなわち無常のことを指していて、その片割れがまさにブサカワ黒無常だからである。普段は長生堂という廟に祀られる護駕大将軍だが、祭りの際には温康二都統のもとへ召喚され、隊列の先頭で開道の役割を担うことになる（写真1―30、1―31）。その様子がまずは八月三十に見られるというわけだ。

九月初一にスタートした祭りは、そこから各廟による個別的なナイトパレードへとコマを進めていく（昼ではなく夜にパレードするのは、この祭りに登場する神々が一律に「陰」の世界に属する冥界神だからだそうだ）。各廟は、温康二都統が巡ってきた際にきちんと護衛できるよう、必ず無常を祀っているため、これらのパレードでもしばしばブサカワ型にお目にかかることができる（当地にもノーマル型を祀る廟はある）（写真1―32）。

各廟が個別パレードを終えると、問杯儀式の前日（十一）に全廟が参加する旧年最後の盛大なパレードが、さらに問杯儀式翌日の最終日（十三）にもまた、新たな編成による全廟参加のパレードが執り行われる。あまりにも多くの人々（と神々）が参加するために列は遅々として進まず、毎年お開きは明け方になる。

ちなみに、私が参加した二〇一九年の祭りは、ちょうど国慶節〔中国の建国記念日〕の時期に重なったために政府から規制が入り、例年よりも規模を縮小しての開催になった。こうした動向は実のところ当年だけの例外で

写真1-30　長生堂の護駕大将軍（撮影日：2019年6月15日）
福州一帯では、無常のかぶり物を普段は写真のように分解して祀り、迎神賽会のときに組み立てて衣服を着させる事例が目立つ。

写真1-31　行列の先頭で露払いする護駕大将軍（撮影日：2019年10月11日）
迎神賽会での無常採集は、基本的に行列の先頭に陣取り、後ずさりしながら撮影することになる。特に黒無常はチョコマカと動き回るので、実はこのようなツーショットを撮るのも一苦労。調査開始当初は撮影の要領がよくわかっておらず、調査報告を執筆する段になって、「使える写真がない！」とほぞをかむこともしばしばだった。

はなく、迎神賽会に対する規制は日々強まっているという声を側聞した。いくら民間信仰の盛んな福建であれ、政治的な圧力とは無縁ではいられないというわけである。

しかし、一方では明るい発見もあった。私はこの九案泰山十三郷巡遊に参加して初めて知ったのだが、こうした迎神賽会には多くの青少年（というよりも雰囲気としては「ワルガキ」と形容すべき男子たち）のファンがついて

写真1-32　各廟のブサカワ黒無常たち（撮影日：2019年10月13日）
戦時中に活躍した中国民俗学者・永尾龍造は、このブサカワ黒無常について「小さいながら、畏るべき顔をしている上に、屢々人に対して悪戯《いたずら》を行い、往々路行く人を乱撲することなどもある」と報告している（前掲『支那民俗誌』第2巻、305ページ）。ブサカワ黒無常がやんちゃであるのはいまも変わらないが、さすがに道行く人を「乱撲（ぶん殴るということだろうか）」はしないので、昔に比べればだいぶおとなしくなったようである。

写真1-33　祭りのタダメシ（撮影日：2019年10月6日）
これは浦西福寿宮で食べた海鮮ビーフン。絶妙な塩加減にニンニクの風味と小エビのダシが効いてたいへん美味で、無限におかわりしそうになった。ただし、地元のワルガキたちにとっては日頃から食べ慣れた家庭料理だったようで、彼らはブーブー文句を言っていた。

いて、彼らはWeChat〔中国で人気のメッセンジャーアプリ。LINEのようなもの〕で情報を共有し合い、どこかで祭りがあるとすぐに駆け付け、神々のかぶり物を着ては楽しそうに街を練り歩くのだった。この意味で、福建の迎神賽会は決してじじむさい死にゆく「伝統行事」などではないのである。

さて、以上が無常（特にブサカワ型）の採集に特化した九案泰山十三郷巡遊の紹介となるが、実は迎神賽会にはほかにもいろいろと楽しいイベントがある。例えば、その一つが食事である。いやしい話になるが、私は約二週間に及ぶ祭りの期間中、夕飯はほぼタダメシを食べていた。それも、当地でしか食べられない絶品の福州料理を、である。なぜそんなことが可能だったのか。

実は迎神賽会には、いわゆる宗教儀礼だけでなく、参加者一同でワイワイ食事をすることも重要なイベントの一つに含まれている。例えば、先にふれたワルガキたちも、このタダメシを大変楽しみにしていて、フラリとやってきては、「きょうのメシしけてんなー」などと言いながらバクバク食べていたりする。

むろん、本来そうした食事は、祭りの開催費用を寄付したり、準備を手伝ってくれたりした者を対象に振る舞われる、あくまで内輪向けのもののはずだ。だが、実際にはそのようなケチくさいことを言う人はおらず、私のような怪しい来訪者にも、「食ってけ食ってけ」と大盤振る舞いしてくれるのである。こうした心温まる風習は、ここで紹介した福州の事例にとどまらず、およそどこの迎神賽会でも共通の特徴になっている。このタダメシ時間に地元の人たちと親睦が深まって耳寄り情報を得ることも少なくないので、機会があったらぜひ参加してみてほしい。

3 口頭伝承（難易度：★★★）

廟や祭りでは、神像やかぶり物というモノとしての無常が採集対象になった。一方、本節では口頭伝承に登場する無常、すなわちコトバとして語られる無常の採集方法について解説したい。

といっても、口頭伝承採集の難易度の高さは廟や祭りの比ではなく、正直にいうと、当の私もまったくもってマスターしたとはいいがたいレベルにある。したがって、本節ではその攻略法を大上段に構えて解説することはせず、主に先人が採集した伝承に依拠しながら、無常伝承の三つの類型について紹介したい。

この三つの類型に分類される無常伝承は、それぞれ採集の難易度と、採集可能な場所が異なっている。また、そのうちのいくつかの伝承は、廟や祭りで採集してきたそれとは、かなり異なる無常の姿を伝えている。本節では、こうした無常イメージの差異性が意味するところについても、軽く踏み込んでコメントしていく予定である。

廟内で採集できる無常伝承

無常伝承には、採集しやすい伝承と採集しにくい伝承がある。採集しやすいのは無常を神として語る伝承であり、採集しにくいのが無常を鬼として語る伝承である、とひとまずは述べておきたい（そう、無常伝承には神／鬼という大別して二種類の伝承が存在している）。

ところで、あなたが無常伝承を採集したいと考えた場合、まずどこへ向かおうとするだろうか。おそらく、まっさきに思いつくのが無常を祀る廟ではないか。この選択はまったくもって正しいといえる。なぜなら、無常を祀る廟を訪れ、その神像を前にして「これはいったいどんな神さまですか？」と地元の人たちに尋ねれば、なんらかの伝承は必ず採集できるからである。このように廟にさえ行けば高確率で採集できてしまうのが、無常を神として語る伝承にほかならない。

例えば、閩南文化圏を中心に語られる、謝必安（白無常）と范無救（黒無常）をめぐる口頭伝承（以下、謝范伝承）は、その典型的な事例の一つといえる。

昔々、謝さんと范さんという義兄弟がいたという。ある日、二人が連れだって橋のたもとに至ったところ、大雨が降りだした。そこで謝さんが傘を取りに戻り、范さんは橋の下で雨宿りすることにした。ところが、謝さんは家に着いたとたんに具合が悪くなり寝込んでしまう。雨はその間にも勢いを増し、河の水はみるみる上昇。義理堅い范さんは約束を反故にしまいと、その場を離れようとしない。そこへ傘を持った謝さんがようやく戻ってくる。だが、時すでに遅し。背が低い范さんはすでに溺れ死んでいた。范さんの亡骸を前に、謝さんは悲しみと自責の念で首をくくって死んでしまう。その様子を見ていた玉皇大帝が彼らの固い絆にいたく感動。二人を城隍神の部下として任じ、悪鬼や悪人の捕縛にいそしむよう命じたという(8)。

注目したいのは、この謝范伝承では、無常がもともと人間だったと解釈されている点である。しかも、彼らは凡百の人間ではなく、信義に厚い立派な人間だったという。実は、このように立派な人物が天寿を全うせずに悲劇的な死に方をすると、その霊魂がしばしば神として祀られるという面白い法則が、漢民族の民間信仰にはある。例えば、日本でも有名な関帝廟の関羽などがその代表的な一例だ。

ただし、こうした成神譚《せいしんたん》〔神になるまでの経緯を物語った話〕は、事後的に創作される場合も多い（先の甘将軍の事例もその一種だろう）。つまり、来歴が不明だったり、人さまに自慢できるような来歴をもたなかったりする存在を、由緒正しき立派な神として仕立てあげるために、事後的に生前の義行などを称揚するエピソードが捏造されるのだ。例えば、媽祖の成神譚も長い年月をかけて徐々に練り上げられた経緯が明らかになっているが[9]、私たちが注目する謝范伝承もまさしくそのパターンと思われるのである。

その根拠について詳細は後述するが、例えば謝必安や范無救という姓名の怪しさなどは、あらかじめ指摘しておいていいのかもしれない。いってみればそれは、「吉幾三（よし、行くぞ）」や「やくみつる（役満）」のような語呂合わせになっていて、前者は「感謝すれば必ず安寧」をもたらす褒賞の神であることを、後者は「罪を犯（范）せば救いなし」という懲罰の神であることを意味している。そんな都合がいい名前の義兄弟が現実に存在したとは考えにくい。

おそらく謝范伝承とは、無常という来歴不明の存在を、なんとか立派な神に仕立てあげようと、とりわけ無常信仰に熱心な福建人によって創作された比較的新しい伝承と私は考える。つまり、そのさらに古層には、神になるための化粧が施される以前の、いわばスッピンにより近い無常の姿が堆積しているはずなのである。では、そんな神未満の無常を語る伝承はどこに行けば採集できるのだろうか。

廟外で採集できる無常伝承

結論からいうと、化粧によって厚塗りされる以前の無常は、より鬼に近い顔をしている。そんな鬼のような無常を語る伝承を採集したければ、神を祀る廟という空間からはいったん外へと出なければならない。

例えば、文彦生編『中国鬼話』には、一九八〇年代に江蘇省太倉市で採集された無常伝承が収録してあり、そこでは白無常と黒無常の性格の相違が以下のように語られている。

無常には白と黒の別があり、白無常は全身まっ白で、白い長衫をまとい、白い高帽子をかぶり、白い扇子をばたばたあおいでいる。高帽子には「見吾生財（私に出会うと大儲け）」と書いてある。黒無常は全身まっ黒で、黒い長衫をまとい、黒い高帽子をかぶり、黒い扇子をばたばたあおいでいる。高帽子には「見吾死哉（私に出会うとあの世行き）」と書いてある。(10)

白無常と黒無常の高帽子には、それぞれ「見吾生財《けんごせいざい》」「見吾死哉《けんごしさい》」の四字が書かれているという。その対比関係は、前述の謝必安と范無救の対照性を連想させるものといえる。ただし、このくだりに続く前述四字の由来を聞けば、黒白無常という存在が、先の謝范将軍とは大きく異なるという事実が判明する。

それによれば、白無常は人をからかうのが大好きなので、バッタリ出会っても恐れる必要はなく、むしろレンガや泥を投げつけてやると向こうからは元宝を投げ返してくるので思いがけず大儲けができる、したがって見吾生財なのだという。一方、黒無常は死人を食っても骨を吐き出さないほど凶暴なので、出会ってしまったら服を木の枝に掛けて、それをおとりにして回避しなければならない、したがって見吾死哉なのだという。(11)

つまり、先の謝范将軍の対比が勧善懲悪という基準（「善きおこないには褒賞を」「悪しきおこないには懲罰を」）に基づいた対比だったのに対し、この黒白無常の場合は、褒賞と懲罰の対比ではありながらも、それらが倫理的基準とはまったく無関係に、まるでチンピラに絡まれるかのように事故的にもたらされる点に大きな相違があるといえる。言い換えれば、謝范伝承であれほど強調された「清く正しく立派な存在であること」が、これらの黒白無常には微塵も感じられないのである。

実は、こうした倫理性の欠如は、廟の外で採集される無常の大きな特徴の一つになっている。例えば、一九八七年八月三十日、上海市黄浦区南京東路街道文化站で以下のような無常伝承が採集されている（紙幅の都合上、筆者による要約を掲載）。

かつて、博打狂いの張阿狗《ちょうあこう》という男がいた。ある日、大負けして多額の借金を背負うはめに。もはやこれまでと首をくくろうとしたところ、そこに白無常が現れる。張阿狗はある噂を思い出す。なにやら、白無常の帽子をかぶれば姿を消すことができるらしい。これさえあれば一発逆転、そう企んだ張阿狗は白無常に帽子の貸与を懇願する。白無常は過度な悪事をはたらかないよう忠告のうえ、三日という期限を設けて帽子を貸すことに。ところが、その約束はあっさり破られてしまう。姿を消しては窃盗を繰り返し、とうとう期日を過ぎた翌朝、不注意から帽子に穴を開けてしまう張阿狗。慌てて白糸で穴を繕い、ダメ押しで肉屋に窃盗に入る。ところが、繕った白糸が消えずに残り、それが原因でお縄となる。余罪もばれて三年六カ月の懲役が言い渡されたという。(12)

この伝承の筋立てをさらに整理すると、①金に困っている男がいる、②男は白無常と出会って富を得る、③男は強欲のせいで富を失う、となる。ちなみに、一九八七年七月十五日に上海市川沙県花木郷潘橋村でもほぼ同じ筋立ての伝承が採集されている。やはり、貧窮する男のもとに白無常が現れ、男は姿を消せる帽子（以下、隠身《いんしん》帽《ぼう》）を入手して富も得るのだが、この場合は男の妻の強欲が原因で逮捕され、最後は流罪に処されてしまう。(13)

冒頭で言及した『中国鬼話』にも浙江省嘉興市嘉善県で採集された同筋立ての無常伝承が二例（「癟三」(14)「鬼帽」(15)）収録してある。川野明正は、これらの伝承を「人助けをする無常の話」あるいは無常の「財神的性格」を示す話としてまとめ、同類系の話がすでに清代の筆記〔文語体の随筆のこと。当ジャンルには怪談も多い〕（陸長春『香飲楼賓談』巻一「無常助考費」）に見られると指摘する。(16)

確かに川野が指摘するとおり、これらの伝承からは無常の財神的な姿が垣間見える。だが、やはり私がここで注目したいのは、無常の財神的でありながら、しかしそれを「財神」と呼ぶにははばかられるような、あまりにいかがわしい贈与の仕方である。特に、先の謝范将軍が公明正大な神さま然とした無常イメージを示していたことと対比することで、その非倫理性は際立つといえる。この点について、以下さらに深掘りしたい。

例えば、『中国鬼話』所収の「鬼帽」では、困窮する許徳発《きょとくはつ》という男に、白無常は「友達になろう」「おれと友達になれば損はさせない」と、まるで詐欺師のようにすり寄って例の隠身帽を貸してしまう。そうした振る舞いは、困窮する者にとっては確かに神そのものだろう。しかし、客観的にみれば、隠身帽の貸与とはすなわち窃盗の幇助を意味するのであって、やはり神と呼ぶにはあまりに不道徳な存在なのである。

このように垣間見える白無常と真っ当な神の微妙な差異は、どうやら白無常自身も認めるところのようだ。『中国鬼話』所収の「癟三」では、困窮から抜け出そうと財神に神頼みする畢三《ひっさん》という男に、白無常は以下のような言葉を投げかける。

ハハハっ、財神さまは相当えこひいきだぞ。やつは高貴な人間にばかりへつらい、貧乏人のことなんぞはちっとも哀れまない。そう、唯一この白無常さまだけが、貧乏人に同情するんだ。[17]

貧乏人に同情的といえば聞こえはいいが、白無常に手を差し伸べられた者たちはことごとく欲に目がくらんで自滅していく。真に同情しているのであれば合法的な仕方で素直に富ませればいいものを、なぜ貧者を試すかのような意地悪をするのか。それは再三述べているとおり、白無常の行動原理がまったく倫理性の欠けた、チンピラのからかい、いたずら、おふざけにすぎないからなのである。[18]

アーサー・ウルフは、漢民族にとっての神がこの世の官僚に該当するならば、鬼はすなわちアウトローだと指摘した。[19]どうだろう、廟の外でうごめくチンピラのような無常の立ち振る舞いは、その意味で鬼、あるいは限りなく鬼に近い神といえるのではないだろうか。

山村で採集できる無常伝承

伝承採集の範囲を廟の外へと広げることで、謝范伝承がひた隠しにした鬼の一面が垣間見えた。では、それが無常本来の姿なのだろうか。否である。無常の化けの皮はさらにもう一層引き剝がすことができ、それによってさらに神とはかけ離れた姿があらわになる。私はその事実を、馬場英子が浙江省温州で採集した無常伝承を通じて知ることになった。例えば、こんな伝承だ。

姿を隠せる帽子をかぶっているのは、閻魔大王の使いで、人の魂をとりに来る「白和尚（無常）」である。白和尚と背の高さを比べると、白和尚はどんどん背が高くなるが、どちらが背が低いか比べようと言うと、今度は背が縮むので、低くなった所を、さっと足で跨いで白和尚の頭を飛び越えれば、簡単に捕まえて、帽子を奪える。[20]

やはりここでも白無常は例の隠身帽を携えている。しかし、先の無常と大きく異なるのは、なんとこの無常は体軀が伸びたり縮んだりするのだという。もはやチンピラどころか、ただのバケモノである。馬場はこうした伸び縮みする無常伝承を温州の複数箇所で採集していて、ほかにも以下のような事例を報告している。

黄無常とも白無常ともいう。白い服に白い帽子で、急に大きくなったり小さくなったりする。夜、現れて人を驚かす。[21]

無常鬼は背の高い帽子をかぶり、長い舌をだらりとたらしている。神出鬼没で、運が悪いと出会ってしまう。「廟」の屋根の上に坐っていながら、下の池に足をつけて洗っていたりする。地面に下りてくると普通の背丈になっている。手足は異常に長く、もし何か欲しいものがあると、そっちに向かって手がするする伸びる。[22]

つまり、伸縮する無常は、ある特定の個人が語る例外的事例などではなく、一定の範囲で語り継がれる無常イメージのれっきとした一類型といえる。では、その「一定の範囲」というのは具体的にどこを指すのだろうか。

馬場は伝承の採集地について以下のように描写する。

最初に訪ねた温州地区の村は、ほとんどがマイクロバスないしは徒歩でなければ入れないような山の中の村ばかりだった。開発開放に沸き、五階建ての個人住宅も珍しくない沿岸地帯から数十キロの距離なのに、明代の家がそのまま住宅として使われていたり、時代を百年以上も逆戻りしたような感じがした。[23]

馬場はそう語ったうえで、このような交通の便が悪い山村こそが、「山の怪」の伝承が息づく場所なのだと指摘する。そう、馬場は、そもそも「山の怪」すなわち山中に生息するバケモノを採集するために浙江省の山村へ赴き、結果そこで伸縮自在な無常の伝承に出会ったのである。

ちなみに、ここでいう「バケモノ」はのちほどあらためて定義することになるので、さしあたり、「人間っぽい姿のお化け」が鬼だとすれば、「人間っぽくない姿のお化け」がバケモノである、とぼんやり理解していただければ十分である。

さて、廟内→廟外→山村と移動するにつれ、無常のイメージは、〈勧善懲悪の神〉→〈不正に金品を与え奪う鬼〉→〈体軀が伸び縮みするバケモノ〉にまで揺れ動いた。廟に祀られる立派な無常さましか知らない者からすれば、にわかに信じがたい光景といえるだろう。

しかし、本当にそうなのだろうか。あらためて神として祀られる無常の視覚イメージに注目したい。なぜ勧善懲悪の神が、ノッポだったりチビだったり、帽子に「一見生財（ひとたび出会うと大儲け）」などと書かれていたりするのか。なぜ生前立派な人間だったと強調しておきながら、かくも人間離れした姿をしているのか。その姿は、無常を鬼として、バケモノとして語る伝承と、むしろ整合的なのではないだろうか。

私はここで一つの仮説を提起したい。ズバリ、無常とはそもそも城隍廟や東嶽廟で祀られるような神ではなかった。当初は、山中に生息するバケモノにすぎなかったのだ。しかし、それがなんらかの要因で、バケモノ→鬼

↓神と性格を変容させていった。そして、神になったあともバケモノや鬼だった時代の特徴が残り、前述したような非整合性が生じることになったのではないだろうか——。

注

(1) 漢民族の一般大衆の信仰を理解するためには教義学（教理学）では不十分だ、という批判は古くからなされてきたものである。教義学批判の系譜は、渡邊欣雄『漢民族の宗教——社会人類学的研究』（第一書房、一九九一年）を参照。

(2) 渡邊欣雄は、漢民族の宗教儀礼の目的は、「「迎福攘災《げいふくじょうさい》」（福を招きいれて災いを払う）という単純な目的に貫かれている」（同書iiiページ）と述べている。

(3) 漢民族の宗教的宇宙については、同書を参照。

(4) 冥界神のヒエラルキーについては、窪徳忠『道教の神々』（平河出版社、一九八六年）、澤田瑞穂『修訂 地獄変——中国の冥界説』（平河出版社、一九九一年）、相田洋『中国妖怪・鬼神図譜——清末の絵入雑誌『点石斎画報』で読む庶民の信仰と俗習』（集広舎、二〇一五年）などを参照。

(5) 川野明正『神像呪符「甲馬子」集成——中国雲南省漢族・白族民間信仰誌』（東方出版、二〇〇五年）を参照。

(6) 洪武二十年（一三八七年）の金門城建城とともに建立された城隍廟（通称・古地城隍廟）から、康熙十九年（一六八〇年）に後浦（現在の金城鎮）に分霊されたのが浯島城隍廟である（その背景には、行政中心地の移転があった）。以降、浯島城隍廟が金門県の中心的な城隍廟になり、その分霊日である農暦四月十二に盛大な迎神賽会が執り行われるようになる。これがいまに伝わる迎城隍の概史である。「台湾大百科全書」の「金門浯島城隍廟」（〔http://nrch.culture.tw/twpedia.aspx?id=4326〕［二〇二三年二月十四日アクセス］）項を参照。

(7) 「『迎城隍文化専題』之九顔柳督察使信仰浯島延伝増添金門迎城隍色彩」「金門日報」二〇一三年五月十七日（〔https://www.kmdn.gov.tw/1117/1271/1272/224022/〕［二〇二三年二月十四日アクセス］）を参照。

(8) ここで述べたのは、あくまでも私が各種バリエーションを総合し要約した謝范伝承のプロトタイプである。したがって、現場で実際に語られている伝承は内容が増減したり、細部が異なっていたりする。しかし、どのバリエーションでも、以下の三要素――①固い絆で結ばれた二人がいる、②その絆のためにそれぞれ事故と自殺で死ぬ、③玉皇大帝（あるいは、閻羅王など）が二人を城隍神（あるいは、そのほかの神）の部下として任じる――によって構成している点は固定的である。林進源『台湾民間信仰神明大図鑑』（進源書局、二〇〇五年）、陳威伯／施静宜「七爺八爺成神故事研究」（「稲江学報」第三巻一期、稲江科技暨管理学院、二〇〇八年）などを参照。

(9) 李獻璋『媽祖信仰の研究』（泰山文物社、一九七九年）を参照。

(10) 原文の出典は、文彦生選編『中国鬼話』（上海文芸出版社、一九九一年）八〇―八一ページ。

(11) 同書を参照。

(12)『中国民間故事叢書――上海 黄浦巻』下（知識産権出版社、二〇一六年）所収の「借帽」を参照。

(13)『中国民間故事叢書――上海 浦東新区巻』下（知識産権出版社、二〇一六年）所収の「白無常贈帽」を参照。

(14) 前掲『中国鬼話』

(15) 同書

(16) 前掲『神像呪符「甲馬子」集成』を参照。

(17) 前掲『中国鬼話』七九ページ

(18) 留学時代の指導教官・鄭振満先生は莆田の出身だが、無常を好んで拝むのは博徒だと教えてくれた。また、本書第2章の一一三ページに登場するマレーシア人のF氏は、無常を好んで拝むのは「走偏門」すなわち正道から外れたヤクザな人々だと教えてくれた。無常がそうした人々に好まれる理由は、無常による富の贈与が倫理や道徳を基準としないから、言い換えれば悪人にもチャンスを与えると考えられているからである。

(19) Arthur P. Wolf, "Gods, Ghosts, and Ancestors," in Arthur P. Wolf ed., *Religion and Ritual in Chinese Society*. Stanford University Press, 1974 を参照。

(20) 馬場英子「山魈・五通・無常の伝説およびその他――温州・寧波地区を中心に」、福田アジオ編『中国浙江の民俗文化――環東シナ海（東海）農耕文化の民俗学的研究』文部省科学研究費補助金〈国際学術研究〉研究成果報告書所

収、国立歴史民俗博物館、一九九五年、二〇八ページ

(21) 馬場英子「麗水・温州地区の怪――山魈・五通・無常の伝説およびその他」、福田アジオ編『中国浙南の民俗文化――環東シナ海(東海)農耕文化の民俗学的研究』文部省科学研究費補助金〈国際学術研究〉研究成果報告書所収、発行:福田アジオ、一九九九年、二〇四ページ

(22) 同論文二〇四ページ

(23) 前掲「山魈・五通・無常の伝説およびその他」二〇五ページ

無常珍道中A

地獄のシンデレラ@山東省菏沢市鄄城県信義村・信義大廟（二〇一九年一月七日）

二〇一九年一月七日、太原駅から二十一時十四分発の列車（K一三九八）に乗り、菏沢駅へ（硬臥下鋪・百六十九元）。隣に爆音イビキおやじがいてぜんぜん眠れなかった。翌朝六時半ごろに到着。あたりはまだ真っ暗。雪が降っている。事前に予約していた駅近くの青年旅社へ向かうも見つからなくて焦る（結局あるマンションの一室に発見、若い老板《ラオバン》がとても親切）。ミドリ色の鼻水が出て頰のあたりが痛む（副鼻腔炎か）。空気汚染のせいだと思い、マスクを装着。連日食しているニンニク臭がマスク内に充満する。

（著者の「無常日記二〇一九」）

山東大学に二〇一〇年に提出された曹珊珊《そうさんさん》さんの修士論文「民間信仰与地方社会」を読んでいると、無常マニアの興味をかき立てるこんな一節を発見。

信義大廟南院の東西に設けられた廊下のような長細い建物のなかに、一風変わった神さまが祀られている。白い高帽子をかぶり、真っ赤な舌を吐き、目からは流血していて、身体には白く長い上着をまとい、片手に鉄の鎖を、もう片手に酒瓶とキュウリを握りしめ、ふところにはニワトリを抱えている。靴は片方しか履いておらず、もう片方の靴は裸足の足の隣に置いてあり、閻魔さまの傍らにたたずんでいる。その神さまは、地元の人たちに「吉大哥《ジーダーグー》」と呼ばれ、霊験あらたかで、もっぱら閻魔さまの小間使いとして働いている。(1)

あいにく挿図がない論文でしたが、曹さんの描写を読むかぎり、信義大廟に祀られているという吉大哥（訳すなら「ラッキー兄貴」?）なる神さまは、無常以外の何者でもありません。しかし、酒瓶にキュウリにニワトリと珍奇なアイテムを身につけまくり、靴まで脱げているというではありませんか。こんなヘンテコな無常は見たことも聞いたこともありません。新種の無常です。

曹さんは論文のなかで「無常に似ている」などとのんきなことを言っていますが、これはなかなかスゴイ発見です。ぜひとも曹さんが固めた基礎をお借りして自分なりの吉大哥論を組み立てたい、そう思い立った私は、その吉大哥とやらをこの目で見てこようと山東省は菏沢まで足を運ぶことにしました。

菏沢駅からバスに乗って約一時間、信義という駅で下車します。さっそく村に足を踏み入れると、そこには「昔の中国」が広がっていました。

レンガ造りの平屋が軒を連ね、その壁という壁に年季を感じさせる紅い標語がペイントされています。道をノソノソ行き交う老人たちは、みなパンパンに着ぶくれし、顔は赤黒く日に焼け、深いシワが刻まれています。そして一様に私に鋭い視線を投げかけ、不審者の侵入をビンビンに警戒していました。

まずは怪しい者ではないことをアピールしようと、子犬を連れたいちばん優しそうなおじいさんに狙いを定めて声をかけてみることにしました。

「こんにちは。この村の廟を見学させていただきたいのですが、廟はどちらにありますでしょうか?」。廟は私たちの目の前にあったので聞くまでもなかったのですが、わかりきった質問、相手が答えやすい質問をあえて投げかけるのは、会話のとっかかりを見つけるための基本中の基本です。案の定、優しそうなおじいさんは軽快に話しはじめました。

「○♪#*□∈★☆×△○♪#*□∈★☆×△……」。予想外の事態です。何を言っているのかぜんぜんわかりません。このおじいさんはヤバいと思い、別の人に話しかけます。しかし、やはりまったく聞き取れません。おじいさんが原因ではありませんでした。方言です。閩南語が飛び交う廈門で普段から方言の洗礼は受けていましたが、なぜか山東あたりまで行けば普通話で華麗にフィールドワークできるものと無知な私は勝手に思い込んでいたのです。

仕方がないので、「ああ、なるほど。ありがとうございました！」と言って廟のなかに逃げ込みました。と同時に、聞き取り調査はまた次回にして、今回は写真だけ撮って帰ろう、と調査の水準を一気にレベルダウンさせたのでした。

廟の敷地内に入るとすぐに「森羅宝殿《しんらほうでん》」（閻魔大王の御殿）と掲げられた建物が見つかりました。吉大哥こと無常のすみかにちがいありません。さっそく足を踏み入れます。全身に鳥肌が立ちました。すごすぎたのです。殿内に再現された地獄パノラマの異様さもさることながら、めちゃめちゃいるんです、吉大哥が（計八体いました）。テンションが振り切れた私は右手にデジカメ、左手にビデオカメラ、口にスマホをくわえた三刀流で撮影しまくりました。本当は動画で見てほしいところ、というかツアーを組んで現地を案内したいところですが、写真A―1でご容赦ください。

さて、曹さんが指摘するとおり、吉大哥は確かにキュウリやら酒瓶やらを握りしめ、ニワトリを小脇に抱えて、片方の靴が脱げていました。参拝客の一人によれば（この人は普通話が話せました）、吉大哥は生前貧しい母のためにキュウリやらニワトリやらを盗む孝行（？）息子で、その善行（？）が称えられ、死後、神さまとして祀られるようになったということでした（同様の伝承が曹さんの論文にも収録してあります）。見た目はおっかないですが、なかなか親しみやすいエピソードをおもちのようです。

ちなみに後日、街の仏具屋で、容貌までかわいらしくなった吉大哥（写真A―2）を見つけることができました（進化形でしょうか）。いずれにせよ、吉大哥がまとうアイテムの数々には、神話的象徴性がほとばしっています。特に「裸足の片足」などという特徴は、前述の成神譚では解釈しきれない、より古層の神話性が潜在しているように感じられてなりません。

おそらくその直感の論理的根拠は、カルロ・ギンズブルグと中沢新一の「シンデレラの脱げた片方の靴」をめ

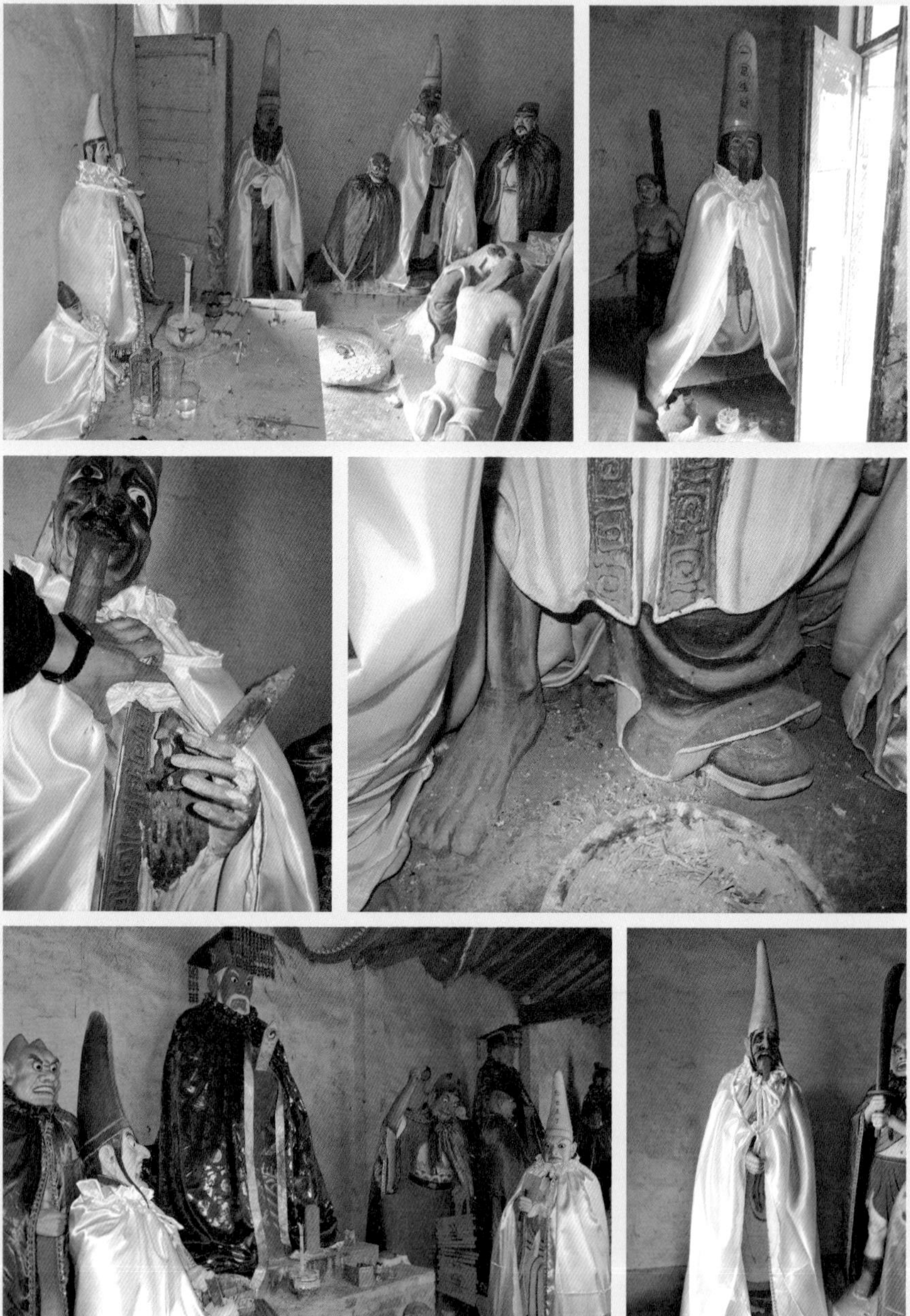

写真 A-1　森羅宝殿にいた吉大哥たち（撮影日：2019年1月7日）

ぐる議論[2]に求められるでしょう。彼らによれば、オイディプス神話からシンデレラ物語まで、ユーラシア各地には、跛行《はこう》だったり、片方の靴が脱げていたり、一本足だったりする人物（あるいは怪物）の話が点在し、そうした存在は往々にしてあの世とこの世を仲介する境界者としての特徴をもちながら、しばしば人に富を贈与するのだといいます（吉大哥の特徴そのものではありませんか！　さらにいうと、本書にものちのち出てくる無常と密接な関係をもつあるバケモノも「片足」なんです！　ヤバッ！）。

それはさておき、地獄巡りを存分に満喫した私は、森羅宝殿の隣になぜか併設された毛沢東紀念館（写真A―3）も参詣しながら、よそで祀られる吉大哥も見てみたいと思い、周囲の村々にも足を延ばしてみることにしました。

写真A-2　仏具屋で購入したカワイイ吉大哥（撮影日：2019年1月7日）

写真A-3　神になった毛沢東。両隣にいるのは朱徳と周恩来だろうか（撮影日：2019年1月7日）

▌写真 A-4　劉田荘のおじさまたち（撮影日：2019年1月7日）

▌写真 A-5　家庭内吉大哥（撮影日：2019年1月7日）

なんの手がかりもないので、道行く人たちに「吉大哥をご存じですか？」とやみくもに尋ねて回ります。冗談じゃなく百人くらいに尋ねた気がします。しかし、これといった情報が得られません（みんな「信義の廟に行け」

ばっかり)。次第に日も暮れてきます。脚も疲れてきました。そろそろ諦めて宿に帰ろうとタクシーをつかまえ、ダメ元で運転手さんに百一回目の「吉大哥をご存じですか?」をかまします。するとなんとビンゴ!「吉大哥? おれの村にいっぱいいるよ」とのことです。念のため、「その村って信義村ですか?」と尋ねると「違う」と言います。現金なもので体力・気力ともにムクムクと回復してきました。着いたのは劉田荘という村でした。運転手さんが村人を集めてくれます(写真A―4)。「こいつが吉大哥を見たいらしいんだよ、誰んちにあったっけ?」。運転手さんの問いかけに三人のおじさまが名乗り出てくれました。どうやら、この村では吉大哥が各家庭で祀られているようです。期待に胸をふくらませ、それぞれのお宅におじゃまします。すると出てきたのは写真A―5に見えるとおり、布に描かれた宗教画(?)としての吉大哥でした。これは、曹さんの論文にも出てこない新たな発見です。

しかし、言葉の壁もあって、詳しいことはよくわかりませんでした。というわけで、次回は通訳者を引き連れ、より本格的な調査ができればと考えています。無常が好きで、性格が明るく、コミュニケーション能力も高く、暑いなか寒いなかいっぱい歩いても不機嫌にならない、山東省菏沢あたりの方言が理解できる方、一緒に探索にいきませんか?

注

(1)原文の出典は、曹珊珊「民間信仰与地方社会――以山東鄄城信義大廟為中心的調査研究」(山東大学修士学位論文、二〇一〇年)二八ページ。

(2)カルロ・ギンズブルグ『闇の歴史――サバトの解読』(竹山博英訳、せりか書房、一九九二年)、中沢新一『人類最古の哲学』(〔講談社選書メチエ、カイエ・ソバージュ〕、講談社、二〇〇二年)を参照。

無常珍道中B

地獄の扉を開いたのは誰@山東省菏沢市鄄城県閆什鎮閆什村・砂土廟（二〇一九年一月八日）

宿の二段ベッドに寝ころび、百度貼吧という（ちょうどTwitterと2ちゃんねるとYahoo! 知恵袋が合体したような）中文コミュニケーションプラットフォームをポチポチいじっていました。このプラットフォームには、地域別（省・市・県・鎮と様々なレベル）のコミュニティがあり、そこに参加して自身のスレッドを立てることができます。

例えば、私などはよくフィールドワークの予備調査として、「〇〇鎮のみなさん、××という妖怪の話を聞いたことはありますか？」みたいな質問を投下しまくり（というか、そういうスレッドを各コミュニティに立てるわけです）、各地の妖怪伝承を採集したりしています。たまに「うるせえ、バカ」などとののしられ深く心がえぐられたりもしますが、メンタルとリテラシーさえ鍛えれば、なかなかイイ話をゲットすることができます。

今回もその要領で、無常の写真とともに「鄄城に吉大哥を祀っている廟はありますか？」と質問してみました。するとすぐに「閆什鎮 砂土廟」という簡潔で有用な答えが返ってきました。試しに高徳地図に「砂土廟」と入力してみると、ちゃんとその位置が表示されるではありませんか。明日の目的地はこれで決まりです。

翌日、砂土廟に着いたのは昼をとうに過ぎてからでした。道中の村々では旧正月が近いということもあってか、各種年画が売られる吉祥図像市が所々に立っていて、あまりの楽しさについつい寄り道してしまいました（写真B—1）。

廟の門前ではドカジャンに身を包んだおじさまたちが車座で焚き火にあたりながらワイノワイノおしゃべりに花を咲かせています（写真B—2）。勇気を振り絞って話しかけてみることにしました（入村直後はなるべく大勢でたむろしている集団に声をかけるのが情報収集のコツかなと思っています。一人ぽつんと座っている人に話しかけるとしばしばおびえられるので）。

「みなさん吉大哥って知ってますか？」。私のあまりに唐突な質問に一瞬場が静まりかえりましたが、ひるまず「変な帽子をかぶっていて、舌がベローンと長いアレです」とジェスチャーを加えると、みんな口々に「ああ、吉大哥か！　それならこの廟のなかにいるよ、見てこいよ！　ガハハハ！」と教えてくれました。

親切なおじさまたちに別れを告げ、さっそく廟の敷地内に足を踏み入れます。するとすぐに「陰司城《いんしじょう》」（地獄タウン」と掲げられた建物が見つかりました（写真B―3）。無常のすみかにちがいありません。というかすでにその門前には吉大哥の小さな塑像がたたずんでいました。これは期待できる、と胸を高鳴らせましたが、残念な

写真 B-1　吉祥図像市（撮影日：2019年1月8日）

写真 B-2　焚き火にあたりながら談笑するおじさまたち（撮影日：2019年1月8日）

写真B-3　陰司城とミニ吉大哥（撮影日：2019年1月8日）

写真B-4　血の涙を流す吉大哥（撮影日：2019年1月8日）

ことに陰司城の扉は南京錠で固く施錠されていました。肩をがっくりと落としながら、仕方がないので敷地内をプラプラ散策することにしました。ところがそこで奇跡が起きます。

ひととおり散策を終え、再び陰司城の前に戻ると、なんと施錠されていたはずの扉がかすかに開いているではありませんか！　どゆこと!?　わけがわかりませんでしたが、理由の詮索はあとにして、さっそくなかに足を踏み入れます。

ひんやりとしてほの暗い地獄の空間に身の毛がよだちます。管理人に見つかってはいけないので、怖いのを我慢しながら扉をそっと閉めます。やはりいました、吉大哥。タバコをくわえ、ダラリと血の涙を流しています（素晴らしい造形！）（写真B―4）。興奮した私は、おどろおどろしい鬼卒たちの鋭い視線を背後に感じながら、例の三刀流でバシャバシャ撮影しまくります。

しかしその直後、私の軽率で不敬な行動が吉大哥さまの逆鱗に触れてしまいます。吉大哥さまのご尊顔をどアップで撮ろうと足を一歩踏み出した瞬間、高く掲げられたその右手がなんと私の頭上にチョップさながらズドンと降りかかってきたのです。

もはやこれまでかと観念しかけましたが、ふと足下を見ると、そこにはパコパコ動く変な板が……。どうやらその板を踏んづけると吉大哥の腕がギコギコ動く機械仕掛けになっているようです。謎が解けホッと胸をなで下ろしたところで、ふと魯迅先生が無常について書いたエッセーの一節を思い出しました。

言い伝えによれば樊江（紹興城外の町）の東嶽廟の「陰司間」は、構造が特に変わっていて、門口の板に仕掛けがしてある。人が門をはいろうとしてその板の一端を踏むと、もう一端に据えてある活無常〔白無常〕の像が、途端に打ちかかって来て、鉄の鎖がスポリ《（ママ）》とその人の喉首に嵌まるように出来ていたのだそうだ。その後それに魂消《たまげ》て死んだ人があったため、しっかりと釘付けにされ、私の幼少の頃には、もう動かないようになっていた[1]。

そのまんまです。このエッセーを読んだ当初は、「ほんとかよ、盛りすぎだろ」と半信半疑でしたが、そのまんまです（いまや死人が出るのさえ納得できます）。隠れ無常マニアの魯迅先生さえ間に合わなかったという歴史的機械仕掛けを最高のシチュエーションで体験できたことに心躍らせながら、無事に輪廻転生、宿へと帰路についたのでした。

しかし、固く閉ざされたはずの地獄の扉、それを開けてくれたのはいったい誰だったのでしょう。この点に関してはいまだに謎のままです。

注

（1）魯迅『朝花夕拾』松枝茂夫訳（岩波文庫）、岩波書店、一九八七年、四七ページ

第2章　無常を観察する

1　無常イメージの変遷——もともと黒無常はいなかった

前章では、中国全土を歩き回りながら様々な方法で大量の無常を採集した。その結果、一口に無常といってもいろんな無常がいることに気づくことができた。

では、次の段階として、それらの無常を類型ごとにグループ分けしたい（「分かる」ためには「分ける」のが基本!）。着眼するポイントによって様々な分類の仕方があるだろうが、ここでは白無常と黒無常の組み合わせを基準に分類してみよう。すると、以下の二類型——「白無常と黒無常がペアのタイプ」（［○●］）と「白無常がソロのタイプ」（［○］）に分類されることになる。

さて、勘がイイ人はここである奇妙な事実に気づいたことだろう。そう、「白無常がソロのタイプ」が多数確認できた一方、「黒無常がソロのタイプ」（［●］）はなぜか一例も確認できなかったのだ。つまりここに、一つの仮説が浮上する——すなわち、「白無常はソロで存在しうるが、黒無常は白無常とのペアという形式でだけ存在可能になる」。

一見、だからどうした、とでも言いたくなるような瑣末な発見に思われるかもしれないが、実はこうした白無常と黒無常の非対称性（平たくいえばアンバランスさ）に敏感に気づくことこそが、「無常の歴史」ひいては「無常とは何か」という難問を解明するための重要な糸口になるのである。

まずは、序論でも言及した「点石斎画報」をひもとき、そこに描いてある無常たちの姿を観察しながら、前述の仮説の妥当性を再検証したい。

「点石斎画報」の場合

図2-1 「火焼地獄」
（出典：『呉友如画宝』〔風俗志図説上・第10集下〕）
この包公廟には、地獄の十王殿が再現されていた（本書でいうところの「地獄パノラマ」である）。その一画に無常の塑像もあったようで、図の右端に白無常と黒無常のペアが描かれている。

十九世紀末に上海を中心に人気を博した「点石斎画報」[1]という名の絵入り新聞がある。この画報は、「市井の瑣末《さまつ》な事件から天下国家の大事まで、妖怪の祟りから新時代のテクノロジーまで」[2]多岐にわたるニュースを報じたことで知られるが、とりわけ本書にとって役立つのが迷信に熱中する愚かな大衆を風刺した一群の記事である。

というのも、それらの記事は、その風刺的意図とは裏腹に、当時の民間信仰の様子をいまに伝える雄弁な歴史資料として転用可能だからである。例えば、「火焼地獄」（図2―1）という記事がある（以下、『呉友如画宝』[3]の記事もあわせて紹介）。

この記事は、温州某所の包公廟〔北宋の名裁判官・包拯を祀る廟。中国の民間信仰には、包拯と閻羅王を同一視する解釈がある〕で起きた老婆の火傷《やけど》事件を報じた

図2-2 「神豈導淫」
(出典:「点石斎画報」〔申9〕)
中央左寄りに白無常と黒無常のペアが描いてある。だが、同時に注目したいのは、中央右寄りに描かれた奇妙な3人組——異様に短軀の男、化粧台で髪を結う女、鬼卒にたかられた男——である(詳しくは本文を参照)。

ものである。自身の冥福を祈るために冥銭を燃やした老婆が大火傷をしてかえって死にかけた、という珍事を伝えながら、迷信にとらわれた人々を皮肉っているのだ。しかし、そんな批判精神は私たちにとってはさほど重要ではなく、むしろ注目すべきは記事の片隅に描かれた無常の姿にほかならない。見てのとおり〔○●〕が描かれている。

このように「ウォーリーをさがせ」方式で、次々と無常を採集していきたい。例えば、ほかにも「神豈導淫」(図2—2)という記事がある。ここで報じているのは広州城隍廟で生じたある奇妙な風習についてである。

記事によると、当廟にも例の「十王殿」と呼ばれる地獄パノラマが設けられていた。その様子はイラスト部分にも再現されている。例えば、中央右寄りに描かれた三体の塑像に注目してみよう。これらの塑像は、左から武《ぶ》大郎《だいろう》、潘金蓮《はんきんれん》、西門慶《せいもんけい》をかたどっているのだという。

この三者は、言わずと知れた『水滸伝』もしくは『金瓶梅』の登場人物たちだが、ここで再現されているのは、西門慶(ゲス男)が潘金蓮(毒婦)をエロい視線で見つめ、武大郎(醜男)が地団駄を踏むという有名な不倫シーンである(物語ではその後、武大郎が潘金蓮を寝取られたあげく毒殺されてしまう)。よく見ると、西門慶の背後には鬼卒たちが群がり、いまにも彼を捕らえようとしている。つまり、悪事は必ず冥界の神々に処罰される、という勧善懲悪のメッセージがこれらの塑像からは発せられているのである。

表2-1　無常の出現形態一覧表（筆者作成）

善遣病魔（庚3）	[○●]	神豈導淫（申9）	[○●]	無常行刧（楽12）	[○]	仮鬼勾魂（貞3）	[○]
盂蘭誌盛（辛6）	[○●]	無常賽会（申11）	[○]	鬼会（書7）	[○●]	火焼地獄（風俗志図説上・第10集下）	[○●]
一場鬼閙（子4）	[○●]	扮鬼攫物（石5）	[?]	厲鬼畏犬（行2）	[○]	信奉無常（同上）	[○]
放蓮花燈（子8）	[○●]	以鬼殺鬼（竹1）	[○]	仮鬼逐虎（信11）	[○]	生死無常（同上）	[○]
冥誅呑賑（子11）	[○●]	孀婦奇智（革10）	[○]	舟子捉鬼（元12）	[○]		
鬼染嗜好（寅12）	[○●]	銭虜喪膽（木9）	[○]	仮鬼盗穀（利6）	[○]		

ただし記事によると、当廟を参詣する妓楼の遊女や良家の女子たちは、そんな勧善懲悪のメッセージをまったく誤解し、あろうことか潘金蓮に白粉《おしろい》をお供えし、その白粉で化粧をすれば願いごとがかなうというデタラメな風習をでっちあげてしまったのだという。当記事はそんな衆愚を風刺してみせるわけだが、前述のとおりこうした記事内容は（面白いので詳しく紹介したものの）実はあまり重要ではなく、むしろ私たちは中央やや左寄りにさりげなく描き込まれた無常の姿に注目すべきなのだった（やはり[○●]である）。

と、こんな調子ですべての記事を詳しく紹介していては紙幅が尽きてしまうので、以下、各記事の無常イメージだけに注視し（図2―3）、簡潔にデータを集計する。

ちなみに、図2―4にまとめて掲載したのは「迷信批判」とは異なるタイプの記事である。あえて名づけるならば「無常強盗」を報じた一群の記事といえるだろう。澤田瑞穂が『鬼趣談義』で、「化物や幽霊に仮装して通行人を脅《おびや》かし、追剝《おいはぎ》をはたらいた不届者の話」[4]をまとめているが、まさにその種の事件が「点石斎画報」でもしばしば報じられた。なかでも無常の仮装は当時の強盗たちに人気だったようで、その仮装姿が少なくない記事に確認できる。「外国の幽霊研究には、偽幽鬼の扮装が意外と好い参考資料になるものだ」[5]と澤田も述べているように、これらの記事も無常イメージを探るうえでは貴重な資料になるのである。

では、集計結果を発表しよう。紹介がかなわなかった記事も含め、「点

図2-3　迷信批判の諸記事（一部、別趣旨の記事を含む）
（出典：左上：「鬼染嗜好」「点石斎画報」〔寅12〕、右上：「信奉無常」『呉友如画宝』〔風俗志図説上・第10集下〕、左中：「盂蘭誌盛」「点石斎画報」〔辛6〕、中中：「放蓮花燈」「点石斎画報」〔子8〕、右中：「鬼会」「点石斎画報」〔書7〕、下：「無常賽会」「点石斎画報」〔申11〕）
いくつかの記事で黒無常がバンザイのポーズをとっている。実は、このバンザイ黒無常がのちに「無常とは何か」を解き明かす重要な手がかりになるので、よく覚えておいてほしい。

図2-4 「無常強盗」を報じた諸記事（一部、別趣旨の記事を含む）
(出典：左上：「無常行刧」「点石斎画報」〔楽12〕、中上：「孀婦奇智」「点石斎画報」〔革10〕、右上：「仮鬼逐虎」「点石斎画報」〔信11〕、左中：「门了捉鬼」「点石斎画報」〔元12〕、右中：「生死無常」『呉友如画宝』〔風俗志図説上・第10集下〕、下：「仮鬼盗穀」「点石斎画報」〔利6〕)

石斎画報」（と『呉友如画宝』）から採集された無常は以下のような傾向を示した（表2―1）。やはり、［○●］や［○］はあれど、［●］は一例も確認されず、「白無常はソロで存在しうるが、黒無常は白無常とのペアという形式でだけ存在可能になる」という例の仮説がピタリと当てはまるのだった（ただし、「扮鬼攫物」は［○］か［●］か判別が困難）。

『玉歴鈔伝』の場合

白無常と黒無常の非対称性に敏感に気づくことこそが、「無常の歴史」を解明する重要な糸口になる、と私は述べた。だからこそ、「白無常はソロで存在しうるが、黒無常は白無常とのペアという形式でだけ存在可能になる」という一見瑣末な仮説の真偽にこだわった。

しかし、この仮説が真であると、なぜ「無常の歴史」が明らかになるというのか。それは端的にいって、この仮説によって無常イメージの共時的な多様性が、一転して通時的に再序列化されるからである。

ややこしい物言いになったが、難しく考える必要はまったくない。注意すべきは、「黒無常は白無常とのペアという形式でだけ存在可能」の箇所である。これを言い換えれば、「黒無常は白無常ありきの存在」となる。つまり、黒無常は白無常に対して副次的な存在ということなので、そこからおのずと「黒無常よりも先に白無常が存在した」という、さらに一歩踏み込んだ仮説が導かれるのである（ほら、空間から時間の問題に転換したでしょ？）。

おそらく、白無常と黒無常の時間軸上の非対称性をこのように明言したのは本書が初めてである。思うに、これまで「無常の歴史」が解明されずにきたのは、こうした両者の非対称性（あるいは、非対称であることの重要性）に敏感に気づくことができなかったためではないだろうか。

現に本書では、この新たな仮説が起点になって、いまだ知られざる無常の歴史――その誕生背景から現在までの変遷過程が次々と明るみになっていく。前述の仮説は、いわばそのための重要な布石にほかならない。より確

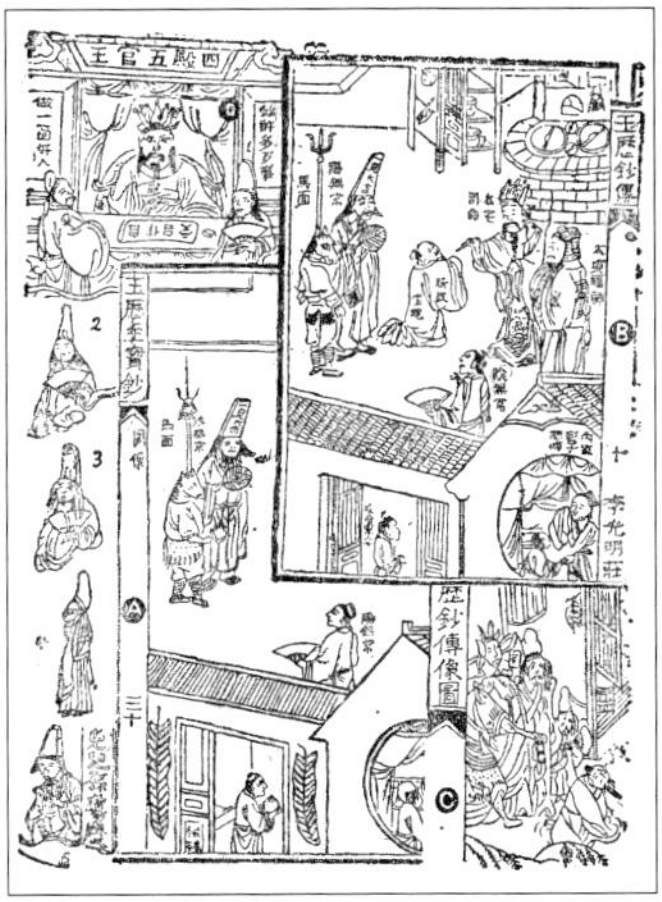

図2-6　魯迅による各種版本のコラージュ
（出典：前掲『朝花夕拾』「後記」117ページ）

図2-5　『玉歴鈔伝』に描かれた無常たち
（出典：『玉歴至宝鈔』1928年天華館本〔吉岡義豊「中国民間の地獄十王信仰について」（川崎大師教学研究所編「仏教文化論集」第1輯、大本山川崎大師平間寺、1975年）284-285ページ〕から転載）

かな論証作業のためにも、くどくなることを恐れず、まずは当仮説の妥当性を慎重に検討することから始めよう。

中国には、儒仏道三教の宗教的知識を拝借しながら、庶民に向けて道徳を説いた「（勧《かん》）善書《ぜんしょ》」(6)というジャンルの通俗書が、およそ宋代のころから読まれてきた。功徳を積みたい人々が自費で印刷し、無料頒布《はんぷ》する形式で流通していて、いまなお中国（とそのほかの中華圏）で盛んである。

その善書の一種に、『玉歴鈔伝《ぎょくれきしょうでん》』(7)という一冊がある。該書の場合は、おどろおどろしいイラストとともに「地獄解説」(8)をしながら、悪を戒め善を勧める内容になっている（「〇〇な悪事をはたらくと、××地獄に落ちますよ」といったように）。その成立時期はいまだ明らかになっていないが、管見のかぎり、清・嘉慶《かけい》年間（一七九六―一八二〇年）の版本を現存する最古本とし、現在に至るまでおびただしい種類の『玉歴鈔伝』が出版されている。

こうした内容と流通の規模から、該書は中国の一般大衆の地獄観を考察するための一級資料であるとして澤田瑞穂や吉岡義豊らが紹介してきたが、(9)とりわけ私たちにとって重要なのは、該書のイラスト部分に無常の姿が散見されるという点にほかならない（図2―5）。つまり、各時代の『玉歴鈔

写真2-1　金門某廟の善書棚（撮影日：2019年5月19日）
慣れないうちは万引きしている気分になるが、善書を持ち帰るのはむしろ功徳を積む行為であり、堂々と物色していい。

伝』を収集し、それらの無常イラストをずらりと並べることで、無常イメージの変遷史がみえてくるというわけだ。

　ちなみに、『玉歴鈔伝』を活用した無常研究は、いまから約百年前、かの魯迅によってすでに実践されている（先述のとおり、魯迅は大の無常マニアだった）。彼は中国全土から十種に及ぶ『玉歴鈔伝』を取り寄せ、「異常な関心」(10)のもと、無常をめぐる示唆に富む数々の問題提起をした(11)（図2―6）。そのうえで魯迅は、さらに本格的に研究すれば「〔無常に関する〕三、四冊の分厚い本が出せるだろうし、それによって学者に昇格できるかもしれない」（前掲『朝花夕拾』「後記」）と述べたのだった。

　しかし、その後約百年、魯迅の意思を受け継ぐ者は現れなかった。というか、そもそも魯迅自身が「しかし、『無常学者』では様にならないので、わたしはこれ以上取り組むつもりはない」（前掲「後記」）と、盛大に梯子《はしご》を外して遁走してしまったのである。というわけで、バトンは私たちに渡された。まずは魯迅に倣い、『玉歴鈔伝』を地道に収集する作業から始めることにしよう。

　『玉歴鈔伝』の収集方法は、吉岡が「中国研究専門の研究所や図書館などでも、この資料〔『玉歴鈔伝』〕を特に注意して収蔵してきたというところはほとんどない(12)」と述べているように、残念ながら図書館に全面的に頼るということはできない(13)。では、どうすればいいのかというと、基本的に残された道は「古本を自腹で買う」というストロングスタイルだけといえる。

　その際に、古本屋の実店舗や骨董市を巡るのも一つの手だが、最も効率的なのは「孔夫子」という中国の古書通販サイトを利用することである(14)。このサイトで『玉歴鈔伝』を検索すれば、〔図書館での所蔵状況とは対照的に）膨大な物量がヒットする。商品ごとに宣伝用の写真が大量に掲載されているので、日々それらを閲覧するだけでも、該書の版本がどれほどバリエーション豊かであるのかが実感される。

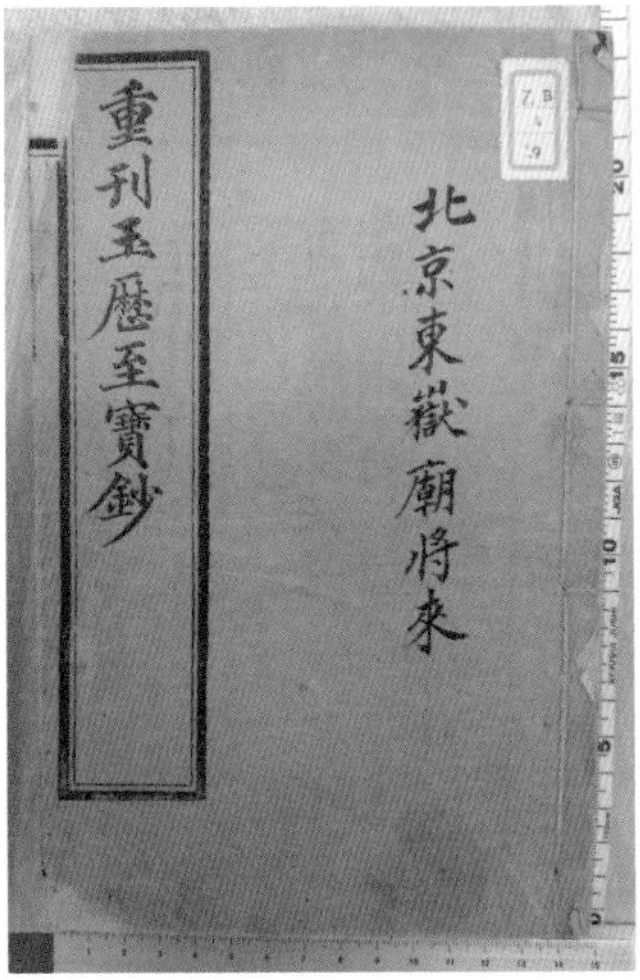

写真2-2　北京東嶽廟から将来された清刊本『玉歴鈔伝』（『重刊玉歴至宝鈔』）

写真2-3　善書棚からの収穫物（撮影日：2019年5月19日）
絵本版『玉歴鈔伝』やDVD版『玉歴鈔伝』などが無料頒布されている場合もある。これらを収集しながら廟巡りをする場合はバックパックが不可欠。

私の場合は留学中にこのサイトを日々チェックし、めぼしいものがあれば飢えない程度に少しずつ購入していた。当時（二〇一七―二〇年ごろ）の相場としては、民国刊本は百元（千六百円）前後、清刊本は五百元（八千円）前後を支払えば、様々な版本を収集することができた。むろん、レアな版本にはそれなりの値段が付くために手が出ず、数日眺めているうちに誰かに買われていくこともしばしばだった。

他方、現役で流通している版本は、前述のとおり無料頒布されているため、お金を出して買う必要はない。写真2―1は金門島の某廟で撮影したものだが、このように寺廟には善書を納めた善書棚があり、そのなかに『玉歴鈔伝』がしばしばまぎれている。いうまでもなく、現在高値がついている過去の版本も、当時はこうして無料で入手できるものだったのである（写真2―2[15]）。

では、このようにして収集した『玉歴鈔伝』から、無常イメージのどのような変遷がみえてくるというのか。以下、清刊本／民国刊本／現代刊本と三種に大別

図2-7　活無常
（出典：『玉歴至宝編』）

図2-8　死有分
（出典：同書）

図2-9　陰無常と陽無常
（出典：同書）

し、順を追って解説する。まずは、清刊本の典型例を示す版本として『玉歴至宝編』[16]（粤東省文経堂本）からいくつかのイラストを紹介しよう。

　この版本には、「活無常《かつむじょう》」（図2―7）と「死有分《しゆうぶん》」（図2―8）という聞き慣れないネーミングの無常らしきペアが掲載されている。見てのとおり、死有分は白無常そのものだが、活無常のほうは烏紗帽《うさぼう》・筆・紙・手錠・刀を身につけた役人風で、黒無常とは似ても似つかない姿をしている。実はこの版本には、こうした「白無常＋謎の相方」の無常イラストが、ほかのページにも見つかる。

図2-10　第四殿の白無常
（出典：同書）

図2-11　虎を使役する白無常
（出典：同書）

それは、人が亡くなると最初にどうなるのかを絵解きしたページである（図2―9）。図中央でひざまずいているのが、亡くなったばかりの魂であり、その前方には竈神と土地神が、後方には陰無常《いんむじょう》、陽無常《ようむじょう》とやはり聞き慣れない名前で名指された無常たちが向かい合い、（牛頭はいないが）馬面の姿も見える。先の事例と同様に、陰無常は白無常そのものだが、陽無常のほうは扇子を持った特徴がない人物で、いわゆる黒無常とは似ても似つかない姿をしているのだった（「白無常＋謎の相方」）。

また、この版本には、白無常がソロで描かれるパターンも散見される。例えば、十王殿を描いたイラストのうち、第四殿に白無常らしき存在が見つかり（図2―10）、「謀財害命之報（金目当てで殺人した報い）」を描いたイラストなどにもソロの白無常が確認される（図2―11）。一方、黒無常の姿はどこにも見当たらない。

以上が、清刊本の無常イメージの特徴である。まとめると、①「白無常＋謎の相方」のペアが散見される、②白無常はときにソロでも描かれる、③黒無常はどこにもいない、となる。また、前述のような統一性がない無常イメージが様々な呼称のもとで一冊の本に混在しているというのも、清刊本の大きな特徴になっている。

一方、民国期に至ると前述の特徴に一大変革が生じる。そもそも、清代に流通していた雑多な版本は影を潜め、『玉歴至宝鈔勧世』[17]と冠した一つの版本におよそ集約されることになる。さらに、その民国刊本では、清刊本の内容に以下のような編集の手が加えられる。

図2-12　白無常と黒無常
（出典：『玉歴至宝鈔勧世』）

図2-13　消えた陰無常と陽無常
（出典：同書）

図2-14　第四殿の白無常
（出典：同書）

図2-15　第二殿の黒無常
（出典：同書）

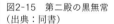

まず、例の［死有分＋活無常］のイラストが削除され、新たに［白無常＋黒無常］のイラストが掲載される（図2―12）。また、「人が亡くなると最初にどうなるのか」を絵解きしたイラストから、例の［陰無常＋陽無常］が削除される（図2―13）。つまり、民国刊本では、白無常の新たな相方として黒無常が登場し、従来の［白無常＋謎の相方］に関わるイメージが一掃される。もちろん、「白無常」「黒無常」という現代中国で通用する呼称がここで初めて登場し、そのほかの呼称が淘汰されるのも重要な変化といえる。

民国刊本では、このような「無常とは『白無常』と『黒無常』のペアであり、例外は認めない」（［無常＝白無常＋黒無常］）という編集方針が徹底されていて、清刊本に散見されたソロの白無常も一律に削除されている。

また、例の十王殿を描いたイラストでは、依然として第四殿に白無常の姿が確認できるものの（図2―14）、第二殿に黒無常の姿がきっちりと加筆されているのである（図2―15）。ちなみに、現代刊本のイラストは、およそ民国刊本を踏襲したものになっているので、両者の間に特筆すべき差異はない。

つまり、『玉歴鈔伝』の清刊本・民国刊本・現代刊本を通覧したうえで観察される無常イメージの変遷は、以下のようにまとめることができる。

①清刊本での無常は、白無常がソロで存在するか、（黒無常ではない）不特定の相方とペアを組んでいた。

②民国刊本以降、白無常の相方として黒無常が登場し、それ以降は［無常＝白無常＋黒無常］という原則のもと、その原則から外れるイラストは一掃され、無常イメージの統一化が図られた。

③民国刊本で統一化された無常イメージは現代刊本でも踏襲されている。

というわけで、本節冒頭で提起した「黒無常よりも先に白無常が存在した」という仮説は、『玉歴鈔伝』の内容とも齟齬をきたさないことが明らかになった。ただし、『玉歴鈔伝』では、白無常はソロで存在する一方、不特定の相方ともペアを組みがちだった。この点をどう解釈すべきかは、のちほどあらためて考察する。

無常の原型

現在では、無常といえば白無常と黒無常のペア（［○●］）を指すことが多いが、歴史的な経緯としては、もともと黒無常という存在はおらず、「無常」といえばすなわち白無常（［○］）のことを指していた。そんな事実が、フィールドワークや文献資料をひもとくなかで明らかになりつつある。

しかし、結論からいえば、実は［○］も無常の原初的イメージとはいえず、それよりもさらに古層のイメージが存在した。本項では、勾魂使者という文脈に依拠しながら、より広い視野で無常イメージの変遷史を捉え直す。

死者の魂を冥界へと勾引する勾魂使者という存在が、およそ六朝志怪小説を起点に、中国の入冥譚〔死後の世界を物語る臨死体験記〕ではしばしば語られてきた。澤田瑞穂は、その特徴を「役人の服装をした使者が訪れる。一人というのも二人というのもあり、また数人の従卒をつれて騎馬できたというのもある。使者は黄衣・黄衫を着ていたというのが多い[18]」とまとめた。

一方、酒井忠夫は勾魂使者の人数について、「二人でない説話もあるが、二人のも多い[19]」とし、前野直彬は勾魂使者の衣服の色について、「赤い衣服をつけていることが多い。時代が降ると、それが黄色に変わり始める[20]」と指摘している。

三者の見解は微妙に相違しているものの矛盾はしていない。要するに、勾魂使者とは、赤色や黄色の衣服を身にまとった役人風の人物（二人組の場合が多いがそうでない場合もある）、とまとめられる。

このように、勾魂使者のイメージには、一定のパターンを見いだすことができる。しかし、勾魂という職能は、あくまで冥界の名もなき下級役人たちが、東嶽大帝や城隍神などの下命に従い適宜勤めたのであって、勾魂を専門とする特定の存在がいたわけではない。彼らの服の色や人数がときどきで異なるのは、まさにそのためだ。

ところが後世、この有象無象としてのイメージから一転、固有の名称と形象とを携えた、まったく新しい勾魂使者が誕生することになる。それが、無常である。

無常の誕生時期は、以下のように推定される。

少なくとも、語句の初出を追うかぎりでは、宋代までさかのぼることが可能である。例えば、（宋）『随隠漫録』巻三「夜行船」、（元）『張小山小令』巻下「漢東山」、（明）『李卓吾先生批評忠義水滸伝』巻九十五などの諸資料中に、勾魂使者としての「無常二鬼」や「二鬼無常」などの語句が確認できる。

ただし、前述の諸資料には往々にして無常の外見に関する具体的描写が欠けている。そのため、「無常二鬼」（あるいは「二鬼無常」）とやらが、私たちが知るところのあの高帽子をかぶった無常と同一の存在なのかは慎重に判断しなければならない。

というのも、（明）『古今小説』巻三十一の「鬧陰司司馬貌断獄」という話に、閻羅王が「無常小鬼」を派遣し、司馬重湘という人物を冥界へ勾引するくだりがある。このくだりには珍しく挿絵が伴っていて、無常小鬼なる勾魂使者の姿が視覚的に把握できる。見てのとおり、それは小さな角を生やしたもろ肌脱ぎの小鬼たち（計三体）であり、私たちが知る無常とは外見が大きく異なるのだった（図2―16）。

図2-16　明代の無常イメージの一例
（出典：瀧本弘之編『三言二拍集』〔（「中国古典文学挿画集成」第5巻）、遊子館、2007年〕66ページ。この図を載せる原本は、明天啓年間刊本『古今小説』）

つまり、「無常」という語句を勾魂使者の意味で用いた事例は宋代までさかのぼることが可能だが、それらはあくまで一般名詞「勾魂使者」の代名詞的用例であって、必ずしもあの高帽子の無常を指してはいないのだ。では、いつごろから「無常」という語句と「高帽子」のイメージが一致しはじめるのだろうか。

あくまで大雑把な推論とはなるものの、「高帽子の無

図2-17　乾隆年間に描かれた無常
（出典：『羅聘鬼趣図』〔開発公司、1970年〕。原画の成立時期は乾隆37年以前と推定される）

図2-18　道光年間に描かれた無常
（出典：『新増玉歴鈔伝報応』道光17年刻本〔翁連溪／李洪波『中国佛教版画全集』第80巻所収、中国書店、2014年〕151ページ）

常」が盛んに描写されはじめるのは、早くとも乾隆期（一七三五―九五年）以降のことであり（図2―17、2―18）、それ以前の事例は管見のかぎり見当たらない。したがって、本書が考察対象とする狭義の無常は、およそ十八世紀以降、すなわち清代中期に誕生したものと推定されるのである。

2　無常信仰の発展原理1——馬巷城隍廟の無常信仰を事例として

　前節では、フィールドワークから推論された無常イメージの変遷過程を各種文献資料を用いながら再検討した。その結果、黒無常というのは白無常ありきの存在であり、歴史的な経緯として、清代中期に〔○〕（白無常がソロの形態）が誕生し、その後〔○●〕（白無常と黒無常がペアの形態）が派生的に生じた、と考えられた。

　しかし、なぜ〔○〕から〔○●〕が派生したのか、その理由はいまだ不明なままになっている。そこで本節では、〔○〕と〔○●〕の外見上の相違だけでなく、両者の性格の相違を明らかにするなかで、前述の問題について考察してみようと思う。つまり、再びフィールドワークという手法に立ち返り、現代に息づく無常信仰では、［○］と［○●］がそれぞれどのような異なる機能を果たしているのかを観察するのである。

具体的には、福建省廈門市翔安区馬巷《ばこう》鎮の馬巷城隍廟とその周辺に分布する三つの祠《ほこら》が観察対象になる。いずれの祠廟にも無常の姿が確認されるものの、あるところは［○］の形態で祀り、あるところは［○●］の形態で祀る。両形態にまつわる儀礼や口頭伝承を比較対照するなかで、はたしてどのような相違点が浮かび上がってくるのだろうか。

馬巷城隍廟の謝必安と范無救

乾隆四十年（一七七五年）、馬巷庁の設置に合わせて馬巷城隍廟が建立される。この廟は、これまでに一度廃廟になっていて、現在に伝わるのは一九九〇年代に再建されたものである。(21)

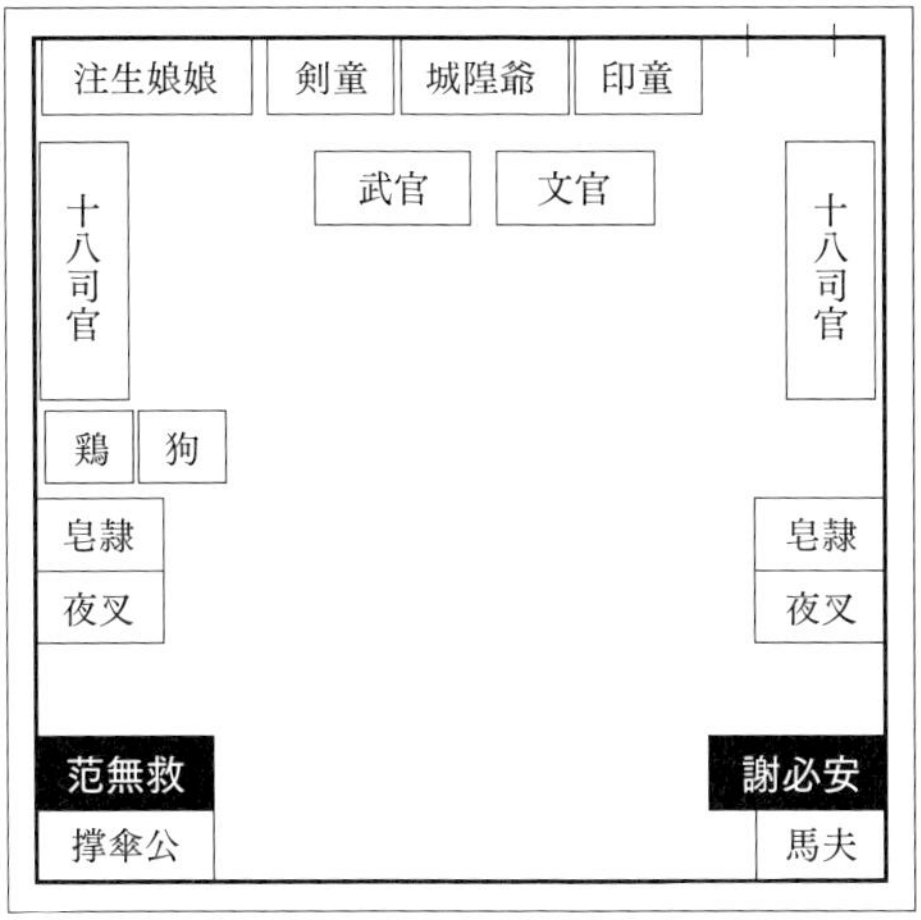

図2-19　馬巷城隍廟の内部構造（筆者作成）

図2―19は、その内部構造、特に神像の配置を模式的に示したものだが、見てのとおり正門から入ってすぐの位置に、謝必安（白無常）と范無救（黒無常）が左右で向かい合うようにして祀られている。

謝必安は長軀（約三メートル）で、「一見大吉」と書かれた高帽子をかぶり、左手に「善悪分明」と書かれた虎牌《こはい》〔昔の逮捕令状のようなもので、冥界の下級鬼卒が好んで持つ道具の一つ〕を握っている（写真2―4）。一方、范無救は、短軀（約一・五メートル）で、戒箍《かいこ》〔『西遊記』の孫悟空や『水滸伝』の武松が頭に着けている輪っか〕を着け、右手に「令」と書かれた火籤《かせん》〔虎牌と同性質のもので、やはり冥界の下級鬼卒が好んで持つ道具の一つ〕を握っている（写真2―5）。このような外見――ノッポとチビの凸凹ペアという特徴は、典型的な福建系無常の

写真2-4　謝必安（白無常）（撮影日：2019年6月7日）

写真2-5　范無救（黒無常）（撮影日：2019年6月7日）

それといえる。

当廟の管理人A（六十代男性）は、そんな謝范将軍の性格を、「城隍神の部下であり、現在の公安に相当し、悪いやつを捕まえてくれる」と説明したうえで、例の謝范伝承を語ってくれた（謝范伝承は本書六一ページを参照）。前章でも指摘したとおり、謝必安と范無救という姓名は、前者が「感謝すれば必ず安寧」をもたらす褒賞の神であることを、後者が「罪を犯せば救いなし」という懲罰の神であることを暗示している。そんな両者の二体一対の関係性は、陰陽二元論を基調とした城隍廟の宇宙観と符合するものとしばしば指摘される(22)。

なるほど、謝必安と范無救を二元的な関係とする見立ては、城隍廟の配置や謝范伝承を分析するかぎりでは妥当なものといえる。しかし、ひとたび信仰の実態に目を向けると、両者は本当に二元的なのか（平たくいえば、対等なパワーバランスなのか）、俄然、疑問に思われてくるのだった。

というのも、馬巷城隍廟に祀られた謝必安と范無救をつぶさに観察していたところ、両者の間に明確な格差が見て取れてしまったからである。それが最もよく現れていたのが、各神像の前に設けられた祭壇だった。謝必安には往々にして供物があるのに対し、范無救に供物はほとんどなかったのだ。つまり、参拝客が好んで拝むのはもっぱら謝必安であり、謝>范という人気上の格差が存在したのである。

前述の二元論に基づくならば、両者は平等に重視されるべきといえる。しかし、実際には謝必安に人気が偏っていた。なぜ、このようなアンバランスが生じたのだろうか。その原因を明らかにするには、漢民族にとって神とはどのような存在なのかをあらためておさらいする必要がある。

ここで想起すべきは、「迎福攘災《げいふくじょうさい》」（渡邊欣雄）という概念である。すなわち、漢民族にとっての神とは、「福を招き、禍を除いてくれる」存在であり、そんな現世利益をもたらす霊験こそが神の存在意義といえた。迎福／攘災は、前者が現状に福をプラスするポジティブ（積極的）な霊験、後者は現状から禍をマイナスするネガティブ（消極的）な霊験と評価することができ、こうした観点のもと謝必安と范無救が発揮する各霊験は表2―2のようにまとめられる。

表2-2　謝必安と范無救の霊験（筆者作成）

	迎福（＋）	攘災（－）
謝必安	○	○
范無救	－	○

謝范伝承にせよ管理人Aの言説にせよ、謝必安と范無救はいずれも悪鬼や悪人を捕らえる攘災の神とされている。したがって、両者には基本装備としてネガティブな霊験が備わっているといえる。一方、神に対するもう一つの需要である迎福に関しては、「一見大吉」であり「感謝すれば必ず安寧」をもたらす謝必安にだけ備わった霊験といえる。つまり、謝必安はポジとネガの両霊験を兼ねている一方、范無救はネガだけを備えポジの霊験が欠けていた。こうした観点に基づけば、迎福攘災というご利益をより十全にもたらす謝必安に人気が偏るのは当然の成り行きといえるのである。

しかし、となると、ここで新たな疑問「范無救の存在意義とはなんなのか」が生じることになる。迎福攘災をかなえるには謝必安で十分であるにもかかわらず、なぜ范無救という相方が必要とされたのか。この問題は、あえて結論を急がず、馬巷城隍廟とその周辺環境についてさらに理解を深めたうえで再度立ち戻る。

さて、このように謝必安と范無救の非二元性が垣間見えたところで、私はストレートに「なぜ人々は謝必安ばかりを好んで拝むんですか？」と馬巷城隍廟の管理人に尋ねてみた。すると管理人B（七十代男性）は以下のような興味深い伝承を語ってくれた。注意すべきは、謝必安に与えられた奇妙な呼称である。

ここらへんでは彼〔謝必安〕のことを保長公と呼ぶんだ。保長公は地域の安全を守っている。保長公は城隍爺の部下だ。かつて人々は保長公に出会うのはめでたいことだと言った。夜に保長公に出会うのはめでたいことなんだ。こういう言い伝えは私たちが小さい頃からある。〔ここで私が、「では、范無救というのはどういう神さまなのか」と尋ねたところ、管理人Bは以下のように回答〕うーん、それはよくわからない。

先ほど管理人Aが語ったのは、謝必安と范無救を二つで一つの存在とする謝范伝承だった。しかし、ここで謝必安は保長公《ほちょうこう》〔保甲制と関連がある呼称と思われる。「保」と呼ばれる末端行政機関の長が保長である〕と呼ばれ、范無救が登場しない独立した伝承が語られている。その独立性は、「では、范無救とはどのような神なのか」という問いに対する「よくわからない」という返答に象徴的である。なぜなら、「保長公」が謝必安の単なる別称であるならば、「范無救は保長公（＝謝必安）の相方であり、城隍神の部下である」とでも回答すればいいところを、現にそのような答えは返ってこなかったからだ。つまり、ここから明らかになるのは、范無救は保長公の相方ではない、すなわち〔保長公≠謝必安〕という不等式である。はたしてこの不等式は何を意味しているのか、保長公とはいったい何者なのか。

この問題を解決する手がかりは、思わぬところにあった。管理人Bは続けて私に、以下のような情報を提供してくれたのである。「向こうにも三つの保長公がいるよ」。つまり城隍廟の周辺に保長公を祀る廟がほかにあと三カ所あるというのだ。

馬巷城隍廟の周辺に点在する保長公小廟

管理人Bが指さすほうに向かうと、家屋が驚くほど密集した、まるで蟻の巣のような地区にたどりついた。スラムチックな雰囲気に最初はやや身構えてしまったものの、住民の人たちはいたって親切で、「保長公ならあっ

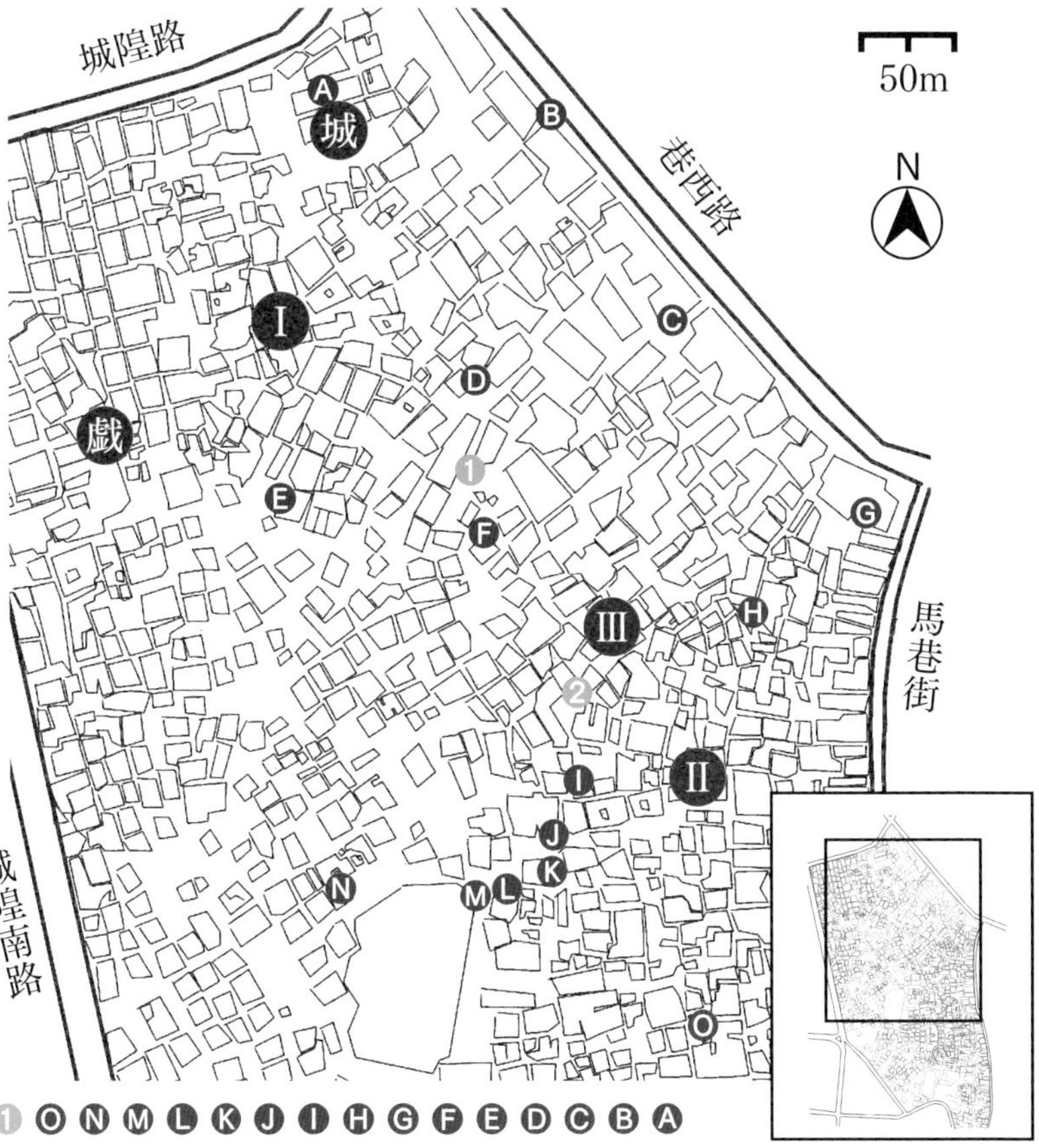

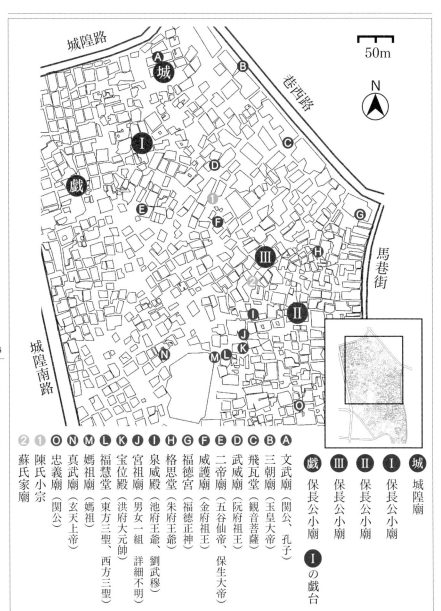

図2-20　三郷社区の保長公小廟の分布（筆者作成）
周辺環境をよりよく理解するために、この図には三郷社区に位置するそのほかの廟と各廟で祀られる主神の名称も併記した。

写真2-6　保長公Ⅰ・Ⅱ・Ⅲ（撮影日：2019年6月7日）

ちだよ」と闖入者の私に丁寧に道案内をしてくれるのだった。

おかげで、三つの保長公はほどなくして見つかった。それらは半径二百メートルほどの決して広くない範囲に分布し、行政区域としては城隍路・巷西路・馬巷街・城隍南路に囲まれた三郷社区に位置していた（詳しい位置関係は図２―20を参照されたい）。本書では発見順に保長公小廟Ⅰ、Ⅱ、Ⅲと名づけることにする。

保長公小廟Ⅰ・Ⅱ・Ⅲに祀られていたのは、（城隍廟の謝必安と同様に）一見大吉の帽子をかぶり、善悪分明の虎牌を握る白無常だった（写真２―６）。誕生日は一様に農暦五月五と定められ、当日は小廟Ⅰ・Ⅱ・Ⅲと城隍廟の四カ所で聖誕祭が同時並行的に実施されるという。早朝から周辺住民が陸続と参拝に訪れ、木偶戯や歌仔戯〔二十世紀初頭に台湾で誕生し、その後、廈門をはじめ閩南文化圏に伝播した地方演劇〕が奉納されるのである（写真２―７）。

私は、二〇一九年の聖誕祭（六月七日、農暦五月五）を訪れ、周辺住民が保長公をどのような存在として認識し、参拝しているのかを取材した。以下、その詳細をレポートしながら、保長公（［○］）と謝范将軍（［○●］）の関係性について少しく考察してみたい。

まず私は、小廟Ⅰを参拝していた六十代の女性に「保長公はどんな神さまですか？」と尋ねた。すると彼女は、「冥界（陰間）の神さまよ。泥棒を捕まえてくれるの。泥棒がやってきて、私たちが捕まえられないときは、保長公が捕まえてくれるの。非常に霊験あらたかよ」と回答してくれた。

これを受けてさらに私は、「普段は保長公にはどんなお願いごとをするんですか?」と尋ねた。すると、「一家の平安。あとは、孫たちの学業や息子たちの事業がうまくいきますように、ってところかしら」と回答してくれた。

写真2-7　保長公聖誕際の様子（撮影日：2019年6月7日）（左上：保長公小廟Ⅰが奉納する歌仔戯、右上：保長公小廟Ⅱが奉納する木偶戯、左中：保長公小廟Ⅰの祭壇、右中：保長公小廟Ⅱの祭壇、左下：城隍廟の祭壇、右下：保長公小廟Ⅲの祭壇）

また、前述のやりとりを聞いていた五、六十代の男性たちは口々に、「保長公は冥界の神さまで、現在の公安のようなものだ。地域の平安をお守りしている」「一見大吉さ、縁がある人だけが会うことができる」「保長公を夢に見ると、彼は進むべき道を指し示してくれるんだ」などと語ってくれた。

一方、保長公小廟IIとIIIを参拝していた人々は、前述と同様の質問（「保長公はどんな神さまですか？」）に対して、「保長公は冥界であらゆる人々を管理していて、道行く人々をお守りしているの。もし保長公にばったり出会えばお金をたくさん儲けられるのよ。つまり幸運ということね」（六十代女性）、「保長公は白無常のこと。城隍廟にもいるよ」（六十代男性）、「保長公は事業や学業をお守りしてくれる」（六十代女性）と回答してくれた。

これらの内容を総合すると、保長公とはすなわち、①冥界の神、②公安のように地域の平安を守る神、③金運をはじめ幸運をもたらす神、④城隍廟の白無常と同一の神、となる。人々はそんな保長公に対して、悪人の捕縛、家内安全、学業・事業の発展などをお祈りするという（ちなみに、保長公小廟IIの参拝者らに「実際に保長公に出会ったことがある人はいますか？」と尋ねると、彼らは口々に、「いるよ！　大勢いるよ！」と述べるのだった）。

個々の語りで、必ずしもこれらの要素が網羅的に言及されるわけではないが、福をプラスするポジティブな霊験（③）と禍をマイナスするネガティブな霊験（②）の両者を内包する点、さらには保長公を城隍廟の白無常（謝必安）と同一視しながらも（④）、謝范伝承のような成神譚が一切語られないという点が特に重要であると私は考える。

前項で私は、「迎福攘災をかなえるには謝必安で十分であるにもかかわらず、なぜ范無救という相方が必要とされるのか」という問いを立てた。保長公という事例を参照したうえで、やはりこれは適切な設問だったように思う。なぜなら、謝必安と同様にポジとネガの両霊験を兼ねる保長公は、まさにソロ（［〇］）で祭祀され、相方（要するに范無救のような存在）が不要であることをその存在自体が体現しているからである。

では、あらためてなぜ、謝必安の場合は范無救という相方が必要になったのか。この問題を考察するには、謝必安と保長公の差異が具体的にどこにあるのかを明確にする必要がある。というわけで、両者を比較対照してみたところ表２—３のようになった。

見てのとおり、謝必安にはあって保長公にないものが二項目ある。一つは「相方」であり、もう一つは「成神譚」である。となれば、謝必安が相方を必要とする原因として、成神譚という要素がなんらかのかたちで関係している可能性が検討されていいのではないだろうか。

そもそも成神譚とはどのような性質のものだったのか。この問題は、実は前章ですでに軽く言及している。例えば私は、「立派な人物が天寿を全うせずに悲劇的な死に方をすると、その霊魂がしばしば神として祀られるという面白い法則が、漢民族の民間信仰にはある」（六一ページ）と述べた。ここには重要な情報が二つ含まれている。

表2-3　謝必安と保長公の差異（筆者作成）

	霊験		伝承	相方
	迎福	攘災	（成神譚）	
謝必安	○		○	○
保長公	○		－	－

一つは、漢民族にとっての神は死者の霊魂、すなわち鬼《グイ》を出自とするという前提である。これについて渡邊欣雄は、「〔漢民族の〕宗教的宇宙は、玉皇上帝など一部の自然天象から生じた神がみを除けば、みなすべて〈鬼〉に発し〈鬼〉が変化《へんげ》した存在からなりたっているのである[23]」とし、志賀市子は「中国の民間信仰において、厲鬼こそは新しい神の供給源ではないかとさえ思えるほどである[24]」とした。

もう一つは、すべての鬼が神に変化できるわけでなく、そこには一定の条件が求められるという鉄則である。例えば、渡邊はその諸条件を、「生前の聖賢性・勲功・善行・霊異があって、最高神に勅封・任命された〈鬼〉こそが神といえる[25]」とし、濱島敦俊は「死者が単なる「鬼」に非ず、「神」となるには、第一に「生前の義行」、第二に死後の「顕霊」、そして第三に偽造（むしろ此の方が圧倒的な）を含む「勅封」の三つの関鍵詞が存在する[26]」とした。

ただし、これらの諸条件は必ずしも並列的な関係にはあらず、「条件のなかの一つ——つまり霊験——があることにより、霊魂は「神」への階梯を上昇しはじめ、徐々に「神」に必要なさまざまな体裁――祭祀方法、建造物等――が整えられていき、それにあわせて「神」になるために必要な権威の源泉となる生前の行ないに関する「伝承」ができ上がっていくのではないだろうか[27]」と三尾裕子は指摘する。

つまり、鬼が神になるには、何よりもまず「霊験」が必要とされた。ただし、「霊験」だけでは、あくまで神への階梯を上昇しはじめたにすぎない。真っ当な神として認められるには、さらに「生前の義行」や「勅封」といった権威が必要になる。濱島や三尾の指摘するとおり、こうした権威は往々にして創られた伝承（成神譚）によって醸成されるのだった。フィクショナルな経歴や身分が効力をもちうるというのはなかなか不思議な話だが、とにかく「嘘でもいいから立派な看板を掲げること」が重要になるのである。

ところで、ここでいう「真っ当な神」とは、正式な中国語語彙では「正神《せいしん》」と表現される存在のことだが、三尾はその位置づけを、神々の名を具体的に列挙しながら以下のように解説している。

「神」のカテゴリーは、いくつかの下位分類が可能である。一般の人々のあいだでは次のような階層化された理解が受け入れられている。すなわち、神々の世界では、玉皇大帝（ユイホワンターティー）が最も地位が高く、その下にさまざまな封号を与えられた「正神」があり、比較的下の方には、土地公や城隍爺（チョンホワンイエ）がいるという。土地公や城隍爺は、また同時に陰間（インチェン 来世）にも関係しており、陽間（ヤンチェン 現世）と陰間の境界に位置している。他方、有応公や大衆爺は、陰間の「神」であり、「神」とはいっても皇帝から天界の官僚としての封号や位階を与えられたりはしない[28]。

引用箇所を大胆に要約すれば、神には（玉皇大帝を別格として）正神と「正神に満たない神」の二種類が存在する、ということになるだろう。実は、「正神に満たない神」にも正式な中国語語彙があり、それを「野神《やしん》」という（渡邊は野神を、「天上界にいる神ではなく、神界の最高神たる玉皇上帝の任をうけていない神[29]」と定義する）。正神／野神を分ける基準は、前述のとおり「生前の義行」や「勅封」といった権威的要素の有無である。

では、この構図に謝必安と保長公を位置づけてみよう。すると、図2―21のようになるのではないだろうか。ちなみに渡邊は、謝必安と范無救を野神の代表的な一例として挙げ「鬼に類する底辺の神《マージナル》[30]」と評した。しかし、「生前の義行」や「勅封」といった権威的要素を周到にちりばめた謝范伝承（成神譚）の存在に鑑みて、謝必安は渡邊の見積もりよりもやや高位の神――すなわち、底辺の正神と見なすべきものと私は考える。一方、成神譚をもたない保長公こそ、霊験だけで支持される権威なき野神であり、「鬼に類する底辺の神」と評すべきなのである。

さて、このように現代に息づく無常信仰を「神化の理論」で分析した場合にも、やはり［○］がより古層に位置づけられ、「［○］から［○●］が派生する」という仮説どおりの結果が導かれることになった。さらに、本節の主要な設問「なぜ［○］から［○●］が派生したのか」については、「権威」という新たなキーワードのもとに説明が試みられたといえる。

本節の論理展開をおさらいすれば、以下のようになるだろう。

①馬巷城隍廟では、公式見解として白無常と黒無常は対等な関係とされていた。

②だが、信仰の実態として白無常のほうが人々により慕われていた。

③人々が望む霊験（迎福攘災）を白無常は周到に発揮してくれるからである（現に城隍廟周辺では保長公と呼ばれる白無常がソロで祀られていた）。

④では、白無常単体で十分ならば、白無常と黒無常がペアになる［○●］の存在意義とはなんなのか。

⑤そこには「霊験」とは異なる原理がはたらいているはずだ。

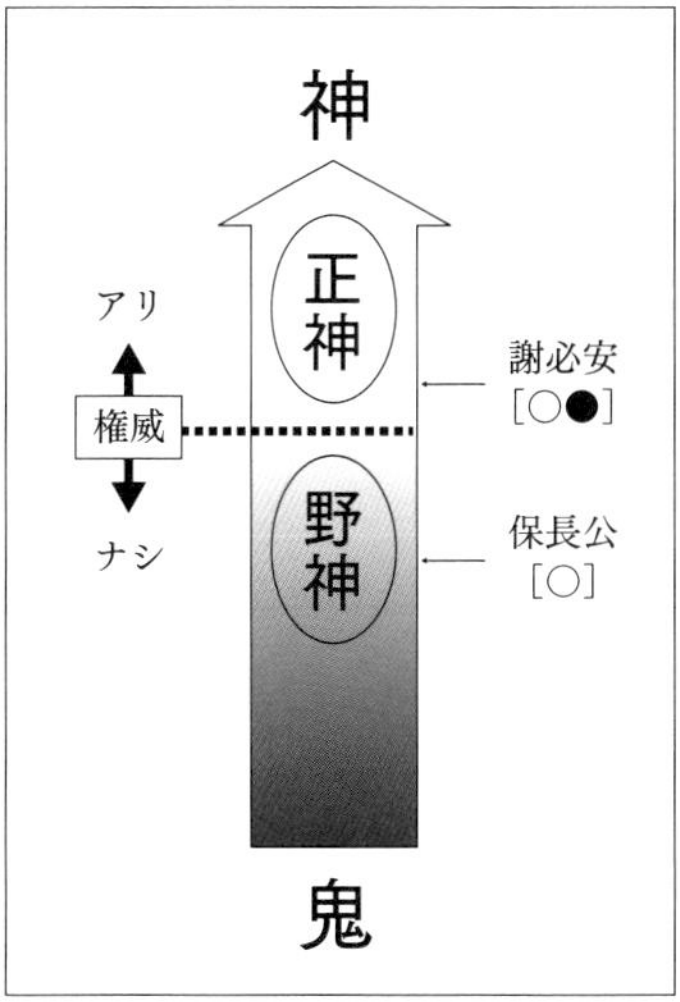

図2-21　謝必安と保長公の神としてのランク（筆者作成）

図2-22　廟内でシンメトリックに配置された黒白無常
（出典：「鬼染嗜好」「点石斎画報」〔寅12〕）

⑥［○●］から［○］を差し引いた場合に残るのは「権威（成神譚）」だった。

⑦「神化の理論」に照らし合わせた場合でも、野神としての［○］に権威が付与されたことで、正神としての［○●］が派生したと考えるのが妥当と判断された。

しかし、なぜ［○］に権威が付与されると［○●］が派生するのだろうか。確かに、この問題にはまだ明確な回答を提示できていない。いま一つの仮説をほのめかすならば、図2―22などが重要なヒントを提示しているのだが、あえてこの点については結論を急がず、ほかの論点が出そろってから再度検討したい。

3　無常信仰の発展原理2――東南アジア華人の無常信仰を事例として

二〇一九年十二月十日、馬巷城隍廟を（特に目的もなく）訪れた私は、廟内に「城隍爺聖誕吉慶」と題された告知文が掲示されているのを見つけた（写真2―8）。その内容から、農暦十一月十六から二十の五日間にわたって城隍神の聖誕祭が催されることを知った（当廟の城隍神の誕生日は農暦十一月十七）。なかでも私の目を引いたのは、十六・十七の両日に予定された馬来西亜《マレーシア》淡辺《タンピン》鎮江宮《ちんこうきゅう》と新加坡《シンガポール》順忠壇《じゅんちゅうだん》の二廟による儀礼の告知だった。

私はこの告知文から、馬巷城隍廟とゆかりがある前述二廟が、城隍神の誕生日を祝賀するためにはるか南洋から進香〔分霊先の子廟が分霊元の祖廟を参詣する儀礼を指す場合が多い〕に駆け付けることを理解した。と同時に、

写真2-9　入廟する進香団の構成員たち（撮影日：2019年12月11日）

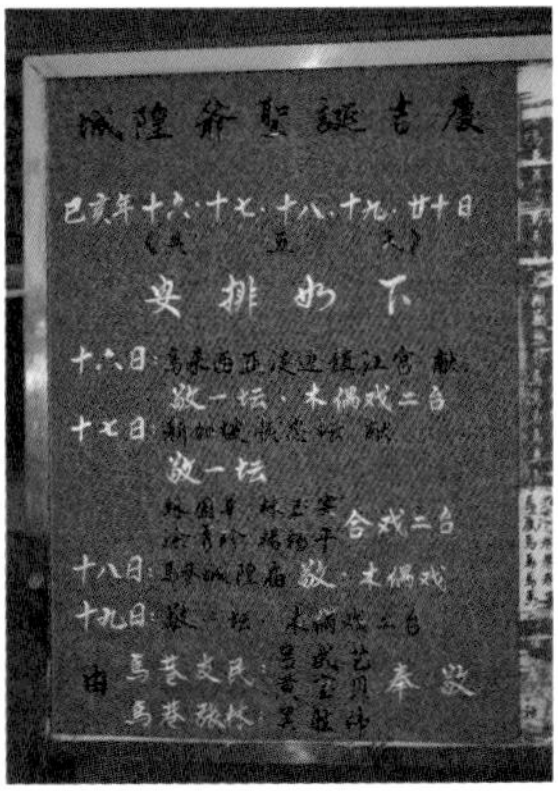

写真2-8　聖誕祭の告知文（撮影日：2019年12月10日）

東南アジアの華人社会では、無常信仰が大陸以上に盛んであるという情報を側聞していたため、大陸にいながらにしてその一端が垣間見られるのではないか、という期待を高めたのだった。

こうした経緯のもとで立ち会わせた進香儀礼では、はたして馬巷城隍廟一帯で観察された謝范将軍や保長公とは一線を画す第三の無常イメージが立ち現れた。前項では、霊験で支持される［〇］（「保長公」的形態）に権威が付与されることで［〇●］（「謝范将軍」的形態）が派生すると仮定したが、結論からいうとこの第三のイメージによって、その仮説の妥当性がさらに高まることになった。また、無常信仰に垣間見えた「霊験」と「権威」の両要素についても、それらが無常信仰でそれぞれどのような機能を果たしているのか、より深く理解することが可能になった。

以下、無常関連の儀礼を中心に、二日間にわたる進香の様子を振り返りながら前述の内容を解説する。

無常の官位昇格儀礼

農暦十一月十六（二〇一九年十二月十一日）、鎮江宮（マレーシア）の進香団が馬巷城隍廟に到着（写真2―9）。メンバーたちは、「官爺 大伯爺」「官爺 二伯爺」と書いてある白と黒の二つの無常帽を携えていた（東南アジアの華人社会で、白無常は「大爺伯〔あるいは、大伯爺〕」、黒無常は「二爺伯〔あるいは、二伯爺〕」、まとめて呼ぶ場合は「大二爺伯〔あるい

写真2-10　祭壇に並べられた各種無常アイテム（撮影日：2019年12月11日）

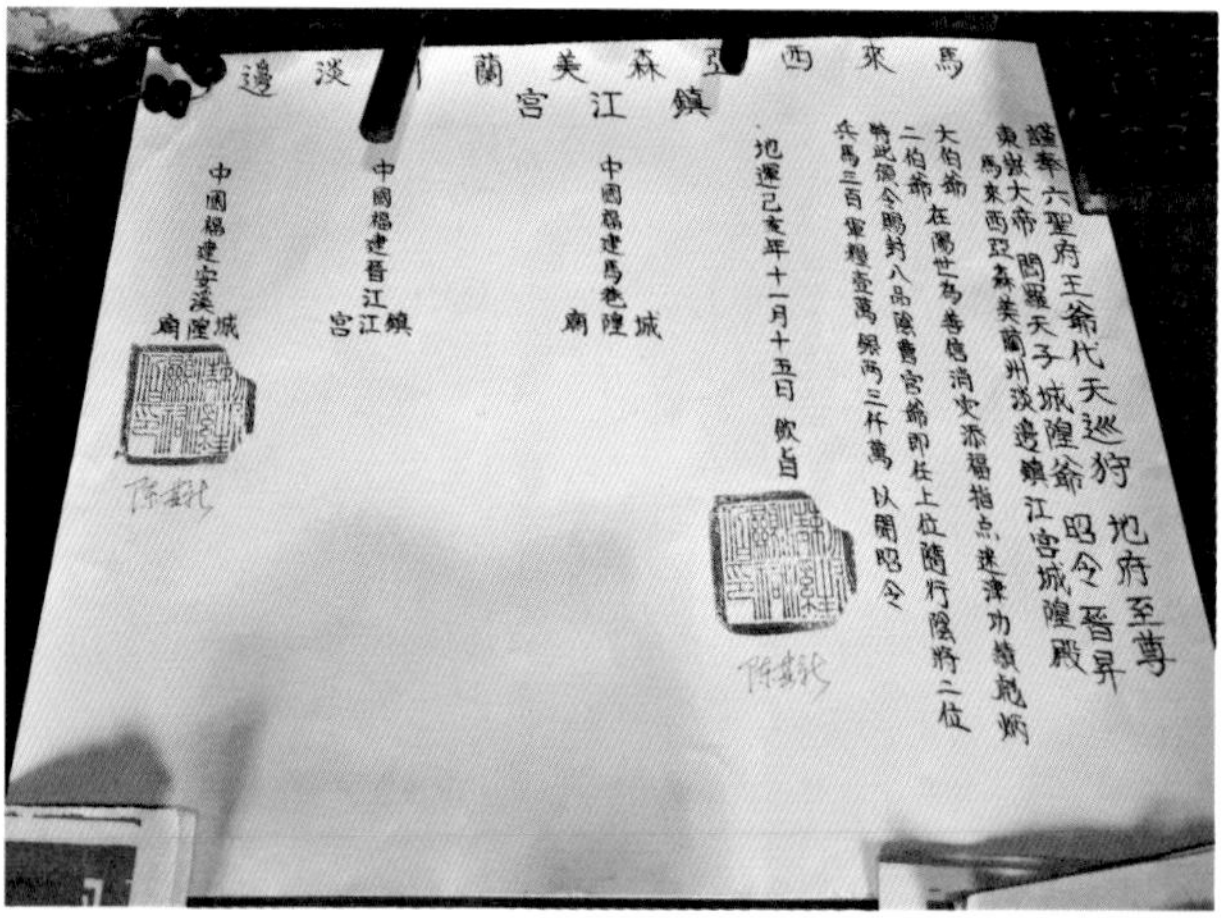

写真2-11　大伯爺・二伯爺の官位昇格をめぐる上奏文（撮影日：2019年12月11日）

は、大二伯爺」」とされる。「官爺」については後述）。

そのほかの携帯品には、算盤《そろばん》・扇子・虎牌（いずれも無常の代名詞的なアイテム）あるいは上奏文らしき文書などが確認され、それらが祭壇に並べられると道士による読経が開始された（写真2―10）。

前述のとおり、彼ら進香団の目的は、第一に馬巷城隍爺の誕生日を祝うことにあった。しかし、その目的と同等、あるいはそれ以上に重要な任務が実のところ彼らには課されていた。この点を明確に示す物的証拠が、まさに前述の無常帽をはじめとした各種アイテムであり、とりわけ重要なのが右掲の上奏文なのだった（写真2―11）。

その内容を端的に要約すれば、無常（大二伯爺）の昇格人事をめぐる上奏文といえる。陽世〔この世、人間の世界〕で人助けに努めたという大二伯爺の功績を称え、彼らを「八品陰曹」〔陰曹とは冥界の役所のこと。つまり、「冥界の役所の八品」という官位〕の官爺〔役人〕に昇格させるよう、信徒一同から王爺・東嶽大帝・閻羅天子・城隍神に上奏しているのである（したがって、「官爺」の文字が記された前述の無常帽は、このたびの昇格にあたって新調されたものと考えられる）。

写真2-12　マレーシア華人が平等に拝む謝必安と范無救（撮影日：2019年12月11日）

　進香団の構成員F氏によれば、前述の王爺たち一統はいずれも鎮江宮に祀られる神々であり、本来その上奏と任命は鎮江宮の内部で一応は完結するものといえる。しかし、そうした手続きをより権威あるものとするために、祖廟としての馬巷城隍廟の承認（印）が必要とされたのである[31]。まさにこれが進香団のもう一つの目的だった。

　ここに観察される、無常（大二伯爺）と官僚組織のあまりに具体的な関係性は注目に値する。確かに、馬巷城隍廟でも、無常（謝范将軍）は城隍神の部下として位置づけられ、官僚組織の一端を担ってはいた。しかし、そこには八品陰曹などという具体的な官位は想定されていないし、昇格を云々するような言説も見受けられなかった。つまり、鎮江宮は馬巷城隍廟に比べ、「冥界の官僚組織」という観念上の設定をより精緻化し、そのなかに無常（大二伯爺）をより具体的に位置づけようとしているのである。

　さらに、前述のような設定が観念の次元にとどまらず、儀礼として体現されているのも馬巷城隍廟とは大きく異なる点といえる。例えば、謝范将軍（大二伯爺）が平等に拝まれている点などは、普段の馬巷城隍廟の様子（謝必安に対する贔屓）を知る者からすれば、はなはだ異様な光景として目に映るのだった（写真2―12）。

前節での議論にのっとれば、前述のような官位を云々する儀礼は、霊験（迎福攘災）を希求する本質的儀礼とは位相を異にする、権威の醸成を目的とした形式的儀礼と言い表すことができるのではないだろうか。つまり鎮江宮は、無常をめぐる形式的儀礼を馬巷城隍廟よりもさらに徹底しているというわけである。

しかし、なぜ鎮江宮はそうした形式的儀礼を徹底させる必要があったのか。この問題は、翌日の順忠壇（シンガポール）による進香儀礼の様子を踏まえながら、あらためて考察する。

無常の問神儀礼

さて、鎮江宮が無常昇格の承認印を求めて馬巷城隍廟を訪れたのに対し、順忠壇のほうは馬巷城隍廟の無常（謝范将軍）を分霊しようと当廟を訪れていた。この分霊儀礼も、霊験そのものを希求する本質的儀礼というよりも、むしろ権威ある大陸無常を南洋に招聘するための形式的儀礼というべきものだろう。そして、こうした形式的儀礼では、やはり無常は必ず二体一対で祭祀されるのだった（写真2―13、2―14、2―15）。

ところが、一日がかりで分霊儀礼を完了し、鎮江宮も交えた大宴会もお開きになったその直後、廟内に残った順忠壇が（馬巷城隍廟とは直接の関連がない）極私的な「問神《もんしん》」という儀礼を開始する。そこで、無常の二体一対の関係が突如崩れ、白無常の優位性が立ち現れることになったのである。

問神とは、東南アジアの華人廟で日常的に実施される儀礼であり、平たくいえば、童乩《タンキー》［シャーマン］によるお悩み相談会といったところだろうか。健康・仕事・家庭……に関する生活上の様々な問題を抱えた人々が神に助言を求める、まさに本書でいうところの霊験を希求する本質的儀礼なのだが、この場合特に人気を集めるのが大爺伯こと白無常なのである。

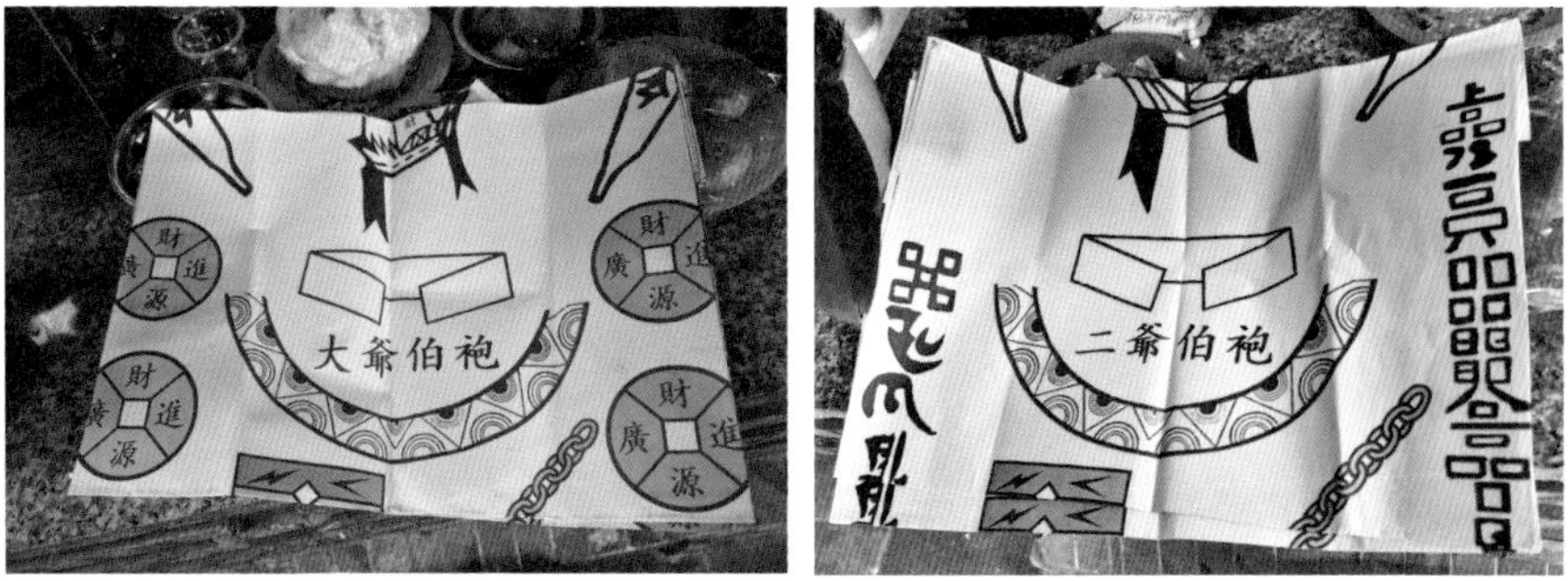

写真2-13　謝范将軍に捧げられた大爺伯袍と二爺伯袍（撮影日：2019年12月12日）

写真2-15　開眼したての馬巷大二爺伯（撮影日：2019年12月12日）

写真2-14　道士による開眼儀礼（撮影日：2019年12月12日）

まずは、当儀礼の概略を把握するため、杉井純一が報告した法聖殿（シンガポール）での大伯爺降ろしの瞬間と問神の様子を確認する。私が馬巷城隍廟で目撃したのもこれと瓜二つの事例だった（〔〕内の記述は筆者による補足。杉井事例との相違点や関連する画像資料を適宜挿入した）。

> 午後九時半になると童乩Kが呪符を燃やして、周辺に潜んでいる悪霊を払い、龍座を清める〔順忠壇の童乩は当廟主席のX氏だった〕。その後、童乩は龍座に座ってじっと祭壇を見据え、瞑想に入る〔その間、信徒たちが大爺伯の請神咒（神降ろしの歌）を合唱していた〕。しばらくして、童乩は突然咳こみ、垂涎が始まり、トランス状態に入った兆候を示す。（略）次第に童

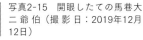

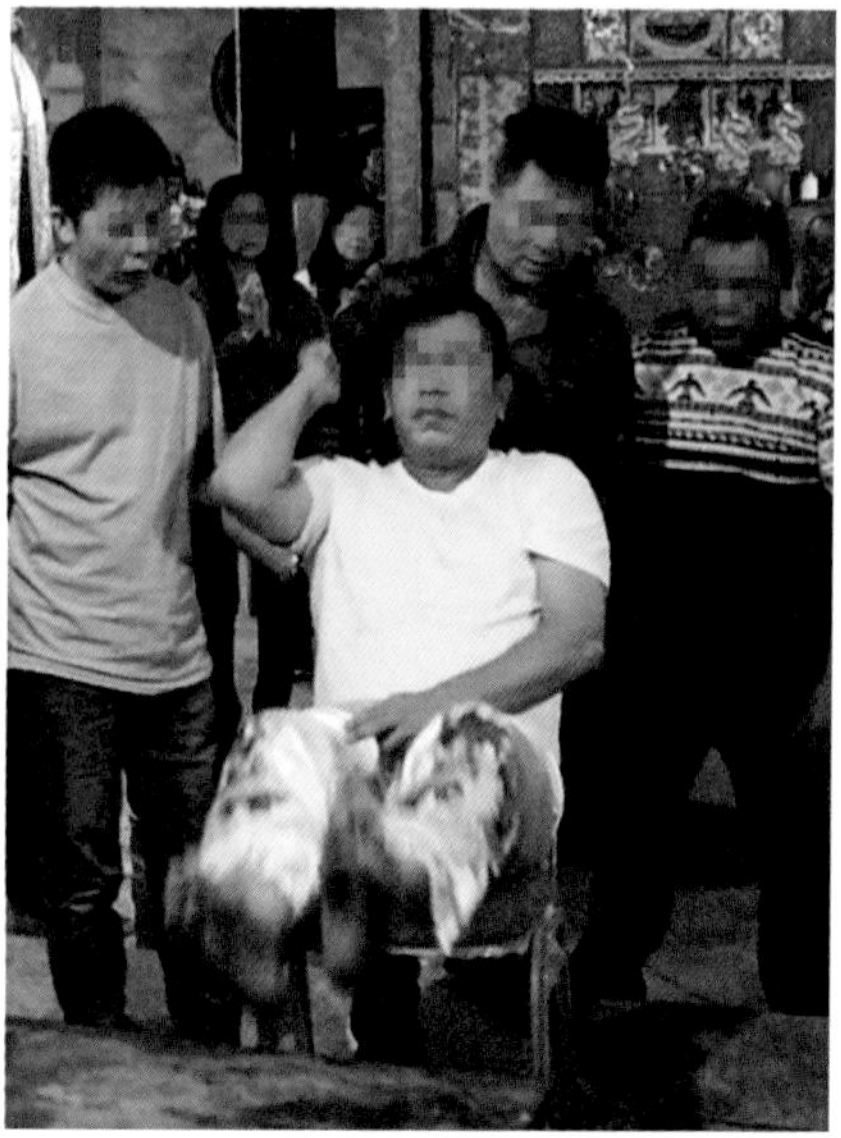

写真2-16　トランスする童乱（撮影日：2019年12月12日）

乱の体は両手を延ばした状態で前後に激しく動きだし、龍座に背中を強く打ち付ける〔写真2―16〕。その力は非常に強く、助手たちがしっかりと椅子を支えている。龍座にぶつかるたびに、童乱の頭はがくんと後方に揺れるが、両手両足は硬直したままである。

一〇数回それが続き、徐々に右手が上のほうに上がり始め、突然奇声を発したかと思うと、前方にすっと立ち上がる。彼は右手を上、左手を下にまっすぐ延ばし、大爺伯の神像と同じポーズをとる。これが、童乱に大爺伯が憑依（上童）した瞬間である。すぐに助手たちがまわりを囲み、白い式服、「一見発財」と書かれた帽子を着けさせる〔写真2―17〕。（略）

ようやく問神が始まると、最初の依頼者が童乱の横に座り、相談事を話す。童乱はたばこを吸い、算盤を弾きながら話を聞いている〔写真2―18〕。そして再度算盤を弾いて神語を語り、卓頭がその内容を依頼者に伝える。童乱は依頼者の為に呪符を作成する。助手が用意した符に筆で神字を書き、最後に筆の柄で三度叩く。そしてそれに助手が印を押し、呪符が完成する。呪符を数枚作成したのち、依頼者に処方を述べ、最初の問神が終わる[32]〔相談者は思い思いの額を添油箱（賽銭箱）に奉加する〕。

前述のとおり、私が目の当たりにした問神は、杉井（あるいはそのほかの研究者たち）が報告する事例におよそ一致するものであり、その典型例を観察できたものと考えている（もちろんマレーシアでも問神は盛んであり、鎮江宮にも専属の童乱がいる）。ただし、それは典型例でありながら、この現場ならではの特殊な現象も確認された。

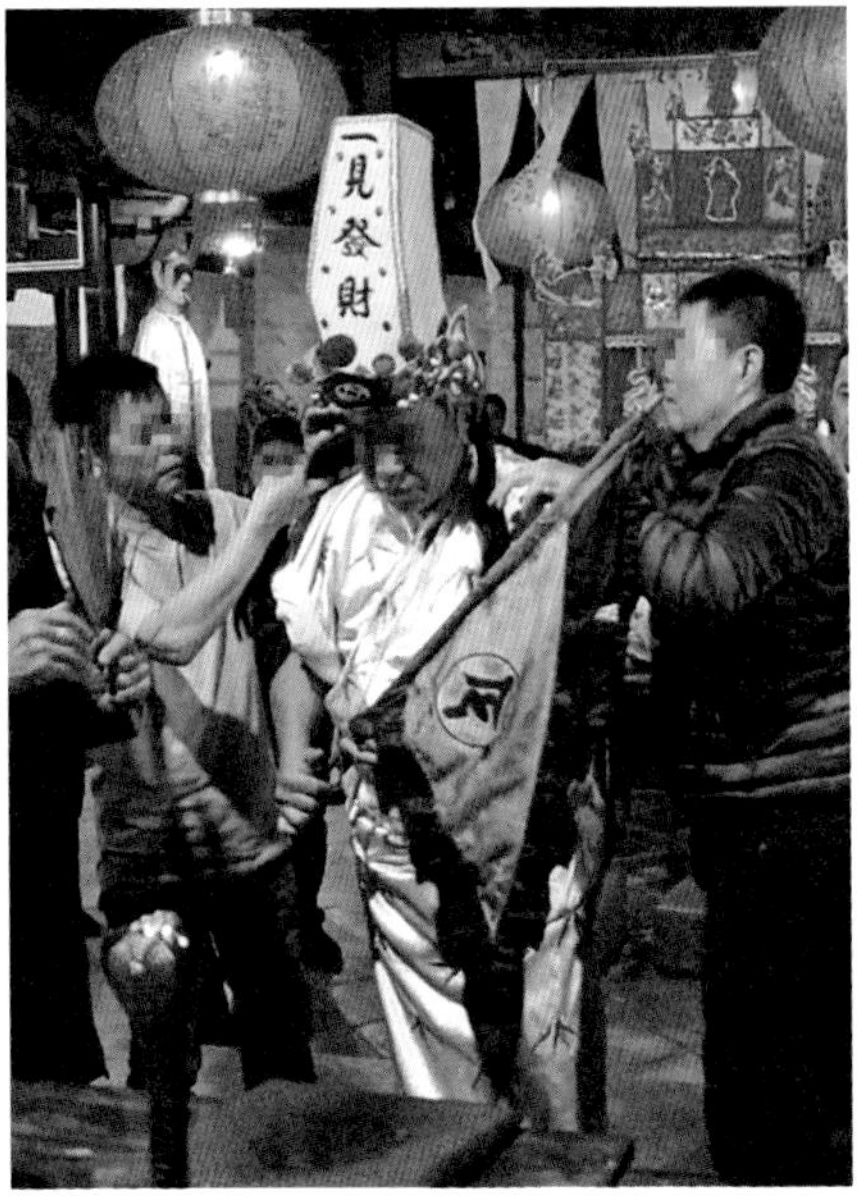

写真2-17　大爺伯が憑依した童乩（撮影日：2019年12月12日）

写真2-18　大爺伯による問神（撮影日：2019年12月12日）

それが最も顕著に表れたのは、進香団のメンバーが廟内の野次馬（主に馬巷城隍廟の周辺に暮らす老人たち）に向けて相談者を募ったときのことである。その呼びかけに対して野次馬たちは、子どものようにはにかみながら、「お前がいけよー」「やだよー」と互いに押し付け合い、しばらくして、ある女性が「では、私お願いします！」と声をあげると、一斉に彼女を指さしケラケラと笑い始めたのである。

　そのような反応が生じた理由はいうまでもない。東南アジアの華人社会ではポピュラーな問神という儀礼が、馬巷の人々の目には見慣れぬ奇妙な光景として映ったからである。ただし、馬巷にも王爺などを憑依させる童乩が多く存在し、神がかりという行為それ自体は決して珍しいものではない。つまり、彼らが驚いたのは、童乩が無常なんぞを憑依させた点にあったのだ。

　確かに、馬巷城隍廟一帯でも、保長公（白無常）は霊験あらたかな地域の守り神として、周辺住民に慕われていた。しかし、人々は保長公をわざわざ童乩に憑依させてまでお願いごとをしたり、相談したりしようとするほど、それに頼ろうともしていなかった。順忠壇の大伯爺と馬巷の保長公のどちらがより霊験あらたかなのか、というのはなかなか比較しにくいものの、少なくとも前者のほうが地元コミュニティで影響力をより発揮している（迎福攘災を希求する人々のよりどころになっている）のは事実といえるだろう。

　では、こうした点を踏まえたうえで、あらためて保留していた疑問「無常の権威を高めようとする形式的儀礼がなぜ大陸よりも東南アジアの華人社会で発達しているのか」を考察したい。結論からいえばそれは、より霊験あらたかな無常に見合う権威が創出される必要があったため、ではないだろうか。以下、図2―23に基づきながら、その根拠を説明しよう。

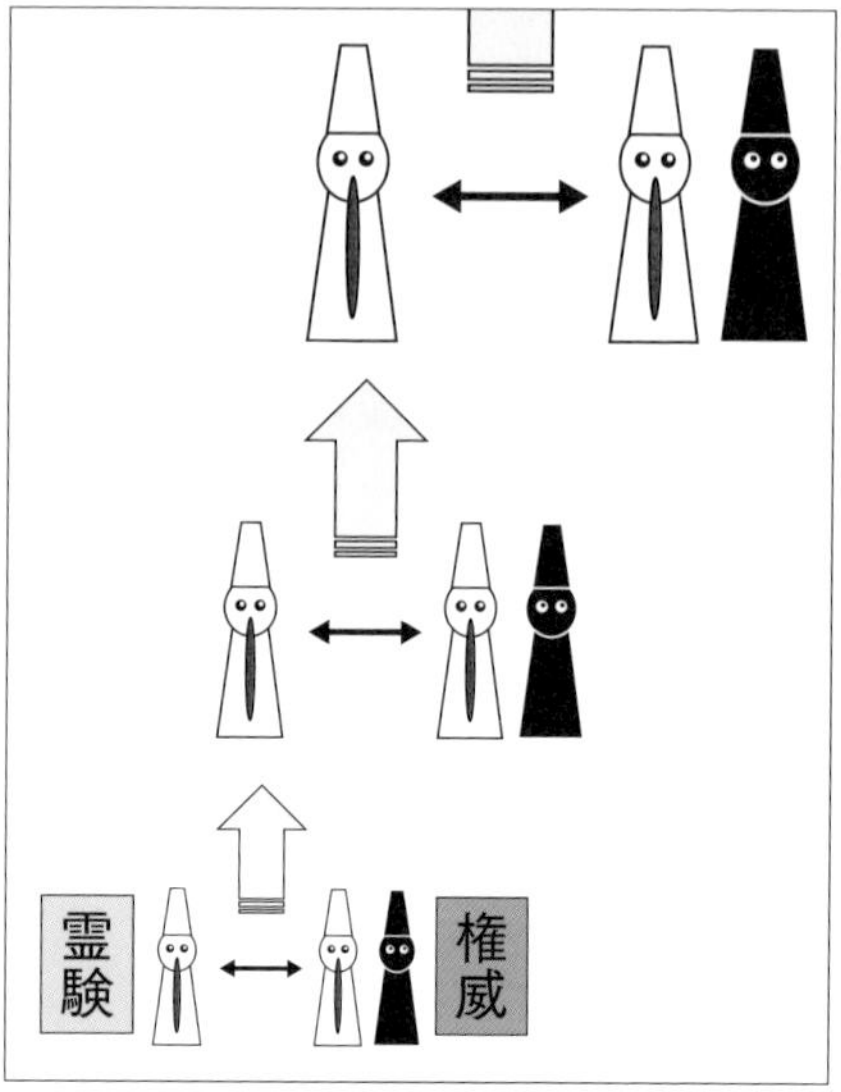

図2-23　無常信仰の発展原理（筆者作成）

　再三述べてきたとおり、まずあるのは霊験の中心である［○］（「保長公」的形態）であり、次の段階としてそこに権威を付与する力がはたらき［○●］（「謝范将軍」的形態）が生じる。しかし、それによって［○］が淘汰されるわけではなく、むしろ［○●］が醸成する権威によって、［○］に迎福攘災を希求する動向は過熱化する（問神儀礼などはこうした過程で生じたものだろう）。いわば、「霊験」と「権威」の相互作用によって、より霊験あらたかな［○］（「大爺伯」的形態）が生じるのだ。そして、それに伴いさらなる権威が必要になり、官僚組織への位置づけがより精緻化した［○●］（「大二爺伯」的形態）が生じるのである。

　つまり、霊験の中心である［○］と権威的装飾である［○●］は不可分の二輪構造で無常信仰を維持・拡大していて、霊験があらたかになり、崇拝者が増えれば増えるほど、それに見合う権威が整備されていくものと考えられる（逆に、人気が低迷すれば、装飾的部分も衰頽するものと考えられる）。

　では、あらためて本節の論理展開をおさらいしよう。

①鎮江宮（マレーシア）の無常信仰は、馬巷城隍廟（大陸）のそれに比して、［○●］をめぐる形式的儀礼がより発達していた。
②その原因は、順忠壇（シンガポール）の無常信仰を観察するなかで明らかになった。
③というのも、順忠壇の無常信仰は、やはり形式的儀礼が発達していると同時に、［○］をめぐる本質的儀礼もまた大陸に比して発達していたからである。
④つまり、東南アジア華人の無常信仰の形式的儀礼（［○●］）の発達は、本質的儀礼（［○］）の発達に比例したものだった。

写真2-19　新種の無常「孝子爺」（写真提供：張智鈺氏）

要するに、前節までの議論では、もっぱら［○］から［○●］が派生する単線的な変遷とその理由に関心が注がれていた。だが、本節の事例を通じて、［○］と［○●］が相互的に作用を及ぼし合っていること、そしてその力学によって、より霊験あらたかな［○］と、より権威的装飾の整備された［○●］が絶え間なく生じている可能性が浮上することになった、とまとめることができるだろう。

当然、当仮説は、あくまで大陸で垣間見た東南アジア華人による無常信仰の一例から導き出されたものであり、東南アジア現地（あるいはやはり無常信仰が盛んな台湾）でより精緻なフィールドワークを実施したうえでその妥当性は再検証されなければならない。

ちなみに、私の手元には、写真2―19[33]のような資料がある。これはシンガポールの仙祖宮という廟で配布されていたパンフレットの一部だが、おなじみの大爺伯と二爺伯のほかに孝子爺なる無常の姿が見受けられる。実のところ無常信仰が現在進行形で加熱する東南アジアでは、この孝子爺のほかにも金銭伯や包貝爺など新種の無常が続々と誕生している状況がある。こうした無常信仰の新たな展開も含めて、はたして前述仮説がどれほど通用するものなのか、今後の課題として調査を続けたい。

注

（1）「点石斎画報」に関する基礎知識は、武田雅哉「ゾウを想え――清末人の〈世界図鑑〉を読むために」（中野美代子／武田雅哉編訳『世紀末中国のかわら版――絵入新聞『点石斎画報』の世界』〔中公文庫〕、中央公論新社、一九九九年）を参照。
（2）同論文三〇ページ
（3）テキストは、『呉友如画宝』（上海古籍出版社、一九八三年）を使用。一八九四年一月十七日に急逝した呉友如の作品から特に優れたものを集め、一九〇八年に上海文瑞楼書局から出版した個人画集。同論文を参照。
（4）澤田瑞穂『鬼趣談義――中国幽鬼の世界』（中公文庫）、中央公論社、一九九八年、二八七ページ
（5）同書二九七ページ
（6）善書に関する基礎知識は、酒井忠夫『増補 中国善書の研究』上（「酒井忠夫著作集」第一巻）、国書刊行会、一九九九年）、加治敏之「善書と道教」（野口鐵郎／奈良行博／松本浩一編『道教と中国社会』〔講座道教〕所収、雄山閣出版、二〇〇一年）などを参照。
（7）書名にある「玉歴」とは、玉皇大帝が天上界で定めている善悪記録簿のことであり、「玉歴鈔伝」とは、すなわちその記録簿を写してこの世に伝える書であることを意味している。吉岡義豊「中国民間の地獄十王信仰について」（川崎大師教学研究所編「仏教文化論集」第一輯、大本山川崎大師平間寺、一九七五年）を参照。また、『玉歴鈔伝』に関する基礎知識は、ほかにも、前掲『修訂 地獄変』、川崎ミチコ「『玉歴鈔伝』について（一）――『玉歴鈔伝』紹介」（「東洋学研究」第四十一号、東洋大学東洋学研究所、二〇〇四年）などを参照。
（8）前掲『修訂 地獄変』二二三ページ
（9）同書『修訂 地獄変』、前掲「中国民間の地獄十王信仰について」を指す。

（10）前掲「中国民間の地獄十王信仰について」一四九ページ
（11）ここで具体的に指しているのは、魯迅の自伝的随筆集『朝花夕拾』所収の「無常」と「後記」の内容である。紙幅の都合上、本書では魯迅の「先行研究」を詳しく紹介できないが、拙稿「無常鬼表象の変遷――『玉歴鈔伝』の各種版本を手がかりとして」（「国際文化研究（オンライン版）」第二十八号、東北大学大学院国際文化研究科、二〇二二年）は、元祖無常マニアである魯迅の問題提起に、新世代無常マニアである私が回答を試みる趣旨の論文である。
（12）前掲「中国民間の地獄十王信仰について」一五六ページ
（13）そういいながらも本書では、叢書に収録された影印本を含め、日本国内の図書館で収集した版本を中心に論を構築している。中国滞在中に収集した私蔵版本の多くが、コロナ禍の影響で中国に取り残されていて、それらを活用することがかなわなかったためである。
（14）ただし、中華人民共和国文物保護法の規定で、一九一一年以前に出版された書籍の中国国外への持ち出しは禁止されている（したがって、日本国内から清刊本を輸入することは実質上できない）。私の私蔵版本が中国に残留しているのも前述規定によるところが大きい（没収を恐れて輸送できないのだ）。購入後すみやかにスキャンして電子書籍化しておけばよかったと後悔している。
（15）テキストは、『重刊玉歴至宝鈔』光緒二十二年重刊前門外宏文斎刻字鋪本（東北大学蔵）を使用。
（16）テキストは、『玉歴至宝編』光緒四年重刊粤東省文経堂本（東北大学蔵）を使用。
（17）テキストは、『玉歴至宝鈔勧世』民国九年上海宏大善書局本（『三洞拾遺』所収、黄山書社、第六冊、二〇〇五年）を使用。
（18）前掲『修訂 地獄変』七七ページ
（19）酒井忠夫「太山信仰の研究」、大塚史学会編「史潮」第七巻第二号、大塚史学会、一九三七年、八三ページ
（20）前野直彬『中国小説史考』秋山書店、一九七五年、一四七ページ
（21）馬巷城隍廟の歴史については、『泉州府馬巷庁志』光緒十九年補刊本、当廟の敷地内に建てられた石碑「重修馬巷城隍廟記」（一九九四年建碑）、廈門市翔安区志編纂委員会編『廈門市翔安区志』（方志出版社、二〇一一年）などを参照。

（22）例えば、前掲「七爺八爺成神故事研究」がその代表例の一つである。
（23）前掲『漢民族の宗教』一八九ページ
（24）志賀市子『〈神〉と〈鬼〉の間――中国東南部における無縁死者の埋葬と祭祀』風響社、二〇一二年、二一ページ
（25）前掲『漢民族の宗教』一八九ページ
（26）濱島敦俊『総管信仰――近世江南農村社会と民間宗教』研文出版、二〇〇一年、九六ページ
（27）三尾裕子「賭事と「神々」――台湾漢人の民間信仰における霊的存在の動態」、田辺繁治編著『アジアにおける宗教の再生――宗教的経験のポリティクス』所収、京都大学学術出版会、一九九五年、七四ページ
（28）同論文六七―六八ページ
（29）前掲『漢民族の宗教』一七九ページ
（30）同書一八〇ページ
（31）F氏によると、鎮江宮が馬巷城隍廟へ進香するようになったのは、ほんの数年前のある出来事がきっかけだった。それは、ずばり無常のお告げである。ある日、無常を憑依させた童乩が、自身のルーツを馬巷城隍廟であると告げ、信徒たちに進香を命じたのだという。その瞬間から、それまで来歴を特にもたなかった無常の神像に、新たに祖廟という概念が付与されることになった。祖廟（分霊元）と子廟（分霊先）の関係は、このように事後的に創られる場合もあるようだ。
（32）杉井純一「陰の呪力とコスモロジー――シンガポール華人社会の大爺伯信仰」、駒澤大学総合教育研究部文化学部門編「駒澤大学文化」第十八号、駒沢大学文学部文化学教室、一九九八年、二六―二七ページ
（33）シンガポール国立大学に留学していた廈門大学院生（二〇二〇年当時）の張智鈺氏から提供を受ける。

無常珍道中C

地獄のふもとの不届き者ども＠山西省臨汾市蒲県・東嶽廟（二〇一九年一月五日）

二〇一九年一月四日、重慶北駅から八時四十三分発の列車（K六九〇）に乗り、臨汾駅へ（硬座・百四十九元）。今回は車内で販売される弁当の価格変動が勉強になった。すなわち、二十元（十七時）→十五元（十八時）→十元（十九時）→五元（二十一時）。愚かな私は二十元で買ってしまった（しかし空腹が限界だった……）。悔しいので五元に値下がりした弁当を再度購入し、弁当一つあたりの支出額を下げる精神的勝利法も考慮したが、逡巡している間に弁当の販売は終了した。計十八時間ほど揺られ、翌日午前三時頃に到着。深夜の臨汾駅は真っ白なPM二・五に包まれ幻想的だった。それにしても、すごい寒さ。

（「無常日記二〇一九」）

臨汾市内のホテルから城北汽車站（長距離バスセンター的な場所）へ向かい、蒲県という田舎町を目指してバスに乗車。お目当ては、蒲県の東嶽廟に祀られた無常の塑像です。

当廟に無常が祀られていることは、日頃から古本サイトで買い集めている地獄廟パンフレット（主に収集しているのは城隍廟と東嶽廟のそれ）を通じて知っていました。無常がいるところにはあまねく足を運ぶべし、という無常教の教えもさることながら、パンフレットに掲載された写真がとても魅力的なものだったため、ぜひとも訪れたい場所の一つでした。

タバコの煙がモクモクするバスに一時間ほど揺られ、目的地に到着。まずは腹ごしらえをしようと、バス停の近くに見つけた食堂に入ります。店内はボロボロで汚らしく、まるで貧乏神にでも取り憑かれたような雰囲気です。適当に麺を注文して席に着きます。

私の目の前には、三、四歳くらいの男の子が座っていました。その隣には、黒い皮革の外套に身を包んだジジイ（やけにデカく、いかめしい顔つき）が立っていて、男の子にカップラーメンを食べさせようとしています。しかし、男の子はあまり腹が減っていないらしく、なかなかカップラーメンを食べようとしません。イライラしたジジイが罵声を浴びせます。それでも男の子は口元に運ばれた麺を頑なに拒絶します。怒りのボルテージが最高潮に達したジジイは、男の子の口元に運んだフォーク（プラスチック製）の矛先を変え、あろうことかその子の首元をグサグサ小突き始めました。痛みに耐えかねギャンギャン泣きわめく男の子。その声に刺激され、さらにバイオレンスになる虐待ジジイ。よく見ると、男の子の股割れズボンからかわいらしいペニスがはみ出していて、その先っちょからローヤルゼリーのような黄色いトロッとした液体が糸を引いて床にしたたり落ちていました（心配っ！）。

食欲が最大限に減退したところで、注文した麺が運ばれてきました（男の子は麺を運んできたおばさんに救出され、台所へと消えていきました）。なんと麺は前代未聞のおいしさで、ビールまで飲んでしまいました。

食事をすませた私は、タクシーで一気に東嶽廟へ向かいました（廟は柏山という山のてっぺんにあります）。廟に到着すると、そこにはしつこく声をかけてくる占い師のオババを除き人っ子一人いません（ただし、毎月農暦の初一と十五は参拝客でにぎわうようです）。

さっそく無常のすみかを求め廟内を歩き回ります。恐ろしい顔つきの神像が巨大な廟のところどころに祀られていて、その鋭い視線に体感温度がグッと下がります。廟の最深部に至ると、そこには「地獄 入口」と掲げられた看板がありました。看板の下には、地下へと続く道が黒々しい口をぽっかりと開けて待っています。無常のすみかにちがいありません。

しかし、生来お化け屋敷的なものが大嫌いなこともあり（超いまさらですが）、なかなか足を踏み入れる決心がつきません。ほかの参拝客が来るまで待とうかなとも思いましたが、ぜんぜん誰も来ないので、勇気を振り絞って地獄に墜ちることにしました。

地獄のなかは死ぬほど真っ暗でした。しかも、鬼卒やら亡者やらのクオリティが他に類を見ないほどに高く（多くの場合はヘタウマゆるふわ系だが、ここはガチ劇画）、それらが暗闇のなかに薄ぼんやりとたたずんでいるので、血の気が引くほどの恐怖を感じます。

「めちゃめちゃコワイ！　けどこれはスゴイ！」。心の無常スイッチがオンになった私は、恒例の三刀流で地獄全体をスキャンする勢いで撮影を開始しました。地面に寝転び、柵を乗り越え、頭をかち割られた血みどろの女性と危うくキスしそうになりながら、いろんな構図を試します。

「こんなのが家の近所にあったら毎日通っちゃうなあ」。私にとってそこはもはや天国でした。肝心の無常は地獄の最終コーナーを曲がったところに出現しました（ここの地獄はコの字型の構造をしていて曲がり角が二カ所あります）。なぜか無常だけ柵の外にいて、しかも飛び抜けて巨大でした。無常の登場演出まで完璧な、ほんとうに素晴らしい地獄でした（写真C―1）。

その後、アホみたいに地獄巡りを繰り返すこと約十周、スマホの電池がゼロになったところで我に返った私は、無常に関する聞き取り調査もしておこうと、例のしつこい占いオババに声をかけてみることにしました。

すると、「あれは夜遊神といってな、夜中になるとあたりを走り回り、いい人にはご加護を、悪いやつには罰を与えるんじゃ、クックックッ」と、なかなか興味深い話をしてくれます。うれしくなったので、お礼の意味も込めて十元ほどお支払いし、占ってもらうことにしました。

オババが差し出す筒から棒を一本引き抜きます。するとその先には「大吉利」の文字が。「ありゃま！　アンタこれすごいよ！　こんなのあたしゃ生まれて初めて見たねえ〜」。急に大根演技フル稼働で騒ぎだすオババ。続けざまに、懐から黄色い料金表のような布を取り出し、「ハイこのとおり、大吉利は百八十八元。ちゃんとお支払いしないとよからぬことが起こるゾ！」と、今度はいきなり恫喝モードに突入です（どういうシステム⁉）。あまりの銭ゲバぶりに「無常の餌食になりやがれ！」と毒づきそうになるのをこらえながら、即刻別れを告げて下山したのでした。食堂の虐待ジジイといい、この占いオババといい、いったいどうなっているのでしょう。各地の廟に設けられた地獄パノラマは、「悪いことしてたら死後こうなっちゃいますよ」というメッセージを痛烈に放ちながら、私たちに地獄の道徳教育を施してくれます。悪童が多いクラスを担任するのが竹刀を持った角刈り体育教師であるように、不届き者がうごめく土地では、その地獄パノラマはおのずと恐くていかめしいものになるにちがいありません（当地のそれが強烈な劇画タッチであるように）。

しかし、真の悪童とはそもそも授業なんぞには出席しないものです。蒲県の不届きジジイ&オババは、もしかするとそんな地獄の道徳科目未履修組だったのかもしれません。

写真 C-1　劇画地獄（撮影日：2019年1月5日）

無常珍道中D

地獄のゼリービーンズ@重慶市長寿区但渡鎮未名村（二〇二〇年一月三日）

二〇一九年十二月二十日、厦門駅から十八時三十九分発の列車（K三三六）に乗り、重慶北駅へ（硬座・二百七十五元）。探検家の角幡唯介が『アグルーカの行方』で、中国の列車（の、たぶん硬座）を「世界で最も不愉快な場所の一つ」と評していた。たしか星野博美も『愚か者、中国をゆく』で硬座のつらさを語っている。私は二人のファンであり、二人を目標にしている。ほかでは勝てないので、硬座部門に焦点をしぼり、勝負を挑むことにした。総乗車時間約三十七時間の硬座旅行、スタート。発車から約十二時間が経過したあたりで気がついた。最大の敵は、隣のおじさまが床にお吐きになる痰でも、乗車率一二〇パーセントの椅子取りゲームでもなく、自分自身の尻、というか尻毛であるということに。長時間座っていると尻毛が引っ張られて毛根のあたりがヒリヒリ痛むのだ。防寒具を座布団代わりにしてもぜんぜんダメ。尻毛は常に引っ張られる。これは私に固有の症状なのだろうか。今度から尻毛はぜんぶ剃って挑みたい。

（「無常日記二〇一九」）

重慶といえば酆都鬼城（超巨大な地獄廟）です。私も行ってきました。無常もいっぱいいました。しかし、どうも楽しくありません。拡声器で大言壮語をまき散らす解説員の耳障りな声、それにゾロゾロくっついて歩く人々の群れ。近くにいるだけでどんどん気分がふさいできます。心なしかそこにいる無常の表情も、まるで牙を抜かれ生気を失った飼育動物のように、さえないものに見えてきました。そんなわけで鬼城散策を早々に切り上げた私は、野生の無常を求めて次なる目的地「未名村の十二殿石刻」に向かうことにしました。

写真 D-1　古代遺跡のような地獄レリーフ
（出典：「重慶一奇石：刻“微縮”豊都鬼城」「中国新聞網」2009年〔http://www.chinanews.com/cul/news/2009/11-23/1977990.shtml〕［2023年2月14日アクセス］）

時はさかのぼり、二〇一七年十月某日、留学生宿舎でパソコンを前に日課である無常パトロール（「無常」をキーワードにただネットを検索するだけ）をしていたところ、「重慶に謎のレリーフ発見！　その名もミニミニ酆都鬼城(1)」というやけに興味をそそる記事に遭遇。それによれば、重慶の片田舎・但渡鎮は未名村で十二殿石刻と呼ばれる謎の地獄レリーフが発見されたということです。

地元住民は、毎年農暦一月初一、二月十九、六月十九、九月十九と定期的に参拝に訪れるものの、その来歴は不明で関連する伝承も伝わっていないのだといいます。記事に添付されたインディ・ジョーンズ風の写真には、古代遺跡を思わせる土色のレリーフと、そこに刻まれた（まさに野生の）無常の姿がしっかりと映り込んでいました（図D―1）。私にその謎が解けるとは思いませんでしたが、無常教の信徒としては足を運ばなければいけない場所、いずれ絶対に訪れよう、と固く心に誓ったのでした。

しかし、時の流れは思いのほか速く、実際にレリーフ訪問の機会を得たのは、それから一年と少しを過ぎてからでした。そして、このタイムロスが大きな悲劇を生むことになったのです――。

重慶に向かう列車のなか、重慶在住の友人から「行きたいとこある？　連れてくよ」という連絡がありました。未名村の十二殿石刻に行きたい旨を伝えると、「何それ？　ウケる」と快諾してくれました。

翌日、再びその友人から「なんか昨日カレシがたまたまそのなんとか石刻の近くを車で通ったからついでに見てきてくれたんだけど、もうなくなってたってさ、ウケる」という連絡が。詳しく話を聞くと、どうやら近頃実施した道路拡張工事の際にまるまる撤去されてしまったとのことでした。地元の村人にも尋ねたというので、確かな情報のようです。

いやはや、悔やんでも悔やみきれません。記事を見つけてからすぐに行動していれば、おそらくこんなことにはならなかったからです。それにしてもこの国の文化保護政策はどうなっているのでしょう。悲しみと怒りと後悔の念で暗澹たる気持ちになりました。

しかし、現実をなかなか受け入れられない私は、得意の百度貼吧に一縷の望みを託すことにしました。ネット上の記事を添付し、「但渡鎮の河っぺりに地獄のレリーフがあるらしいのですが、まだありますか？」と尋ねます。するとすぐに「ない」という返事が。「壊されたのでしょうか？」と尋ねると、「そんなの見たことない」とのこと。よく知らないなら黙ってろや！と心のなかで無常チョップを食らわせつつほかの人の回答を待ちます。

すると続けて、「あるよ！　おととし実際に見てきた」というコメントが。うれしいけどおととしの情報か……。続けてまた別の人が、「あるよ、ココだよ」と親切にも地図まで添付してくれます。すでに誰の言葉を信じていいのかわからなくなっていましたが、やや勇気が湧いてきた気がしました。こうなったら自分の目で確かめてくるほかありません。真相やいかに。

高速鉄道とバスを乗り継いで未名村に到着。さっそくレリーフを探しに向かいます。が、ぜんぜん見つかりません（百度貼吧でゲットした地図も大雑把すぎて使い物になりません）。困り果てていると、突然、山の茂みからガサゴソとおじいさん二人組が出現しました。これ幸いと、道を尋ねてみます。「あの、すみません、この村に地獄のレリーフがあると聞いて伺ったのですが、どこにあるんでしょうか？」

おじいさんたちは口を開けてポカーンとしています。私も相手の言っていることがほとんど理解できません。またしても方言の壁が立ちはだかります。しかし、スマホで写真を見せると合点がいった様子で、こっちについてこいと歩きだしました。やはりレリーフはまだ健在だったのです。

写真D-2　ゼリービーンズ地獄（撮影日：2019年1月3日）

さて、この二人組のおじいさん、一人はふっくらしたまんじゅう型でもう一人はほっそりしたごぼう型、ともに御年七十八とのことですが、足腰がしっかりしてらっしゃいます。山越え谷越えなかなかハードな道をキャッキャキャッキャとふざけながら歩く姿はまるで少年のようでした。

三十分ほど歩いたころでしょうか、河沿いの断崖絶壁に至ったところで、ごぼうさんが「着いたぞ、あれだ」と前方を指さします。その指さすほうを見ると、確かにネットの記事で見たそれとそっくりな景色が広がっていました。しかし、何かがおかしい。遠くのほうにかすかに見えるお目当てのレリーフがなんだか異様な雰囲気、というか度を超えてファンシーなオーラを放っているのです。

いやな予感が頭をかすめます。歩みを進めてレリーフの前まで来たところでその予感は的中してしまいました。謎の地獄レリーフは、なんと赤♪青♪黄色♪とゼリービーンズさながらの極彩色に塗りたくられていたのです（写真D―2）。そして、その隣には「重慶市長寿区不可移動文物」と記された金ピカの看板が掲げられていたのでした。

確かに地獄のレリーフは健在でした。それは喜ぶべきことです。中国の文化保護政策はしっかりと機能していたわけですから。しかし……なんということか……道路工事で破壊されるのは当然イヤです、でもお上の介入でゼリービーンズにされるのもちょっとカンベン、どうかその中間のうまい具合のところでなんとかイイ感じにやってもらえないものでしょうか、と中国のそこかしこで目の当たりにする地獄のジレンマをここにも見たのでした。ウケる！

注

（1）「重慶一奇石：刻〝微縮〟豊都鬼城」「中国新聞網」二〇〇九年十一月十三日（https://www.chinanews.com/cul/news/2009/11-23/1977990.shtml）［二〇二三年二月十四日アクセス］

第3章　無常を考察する

1　黒無常の誕生――摸壁鬼というバケモノに着目して

前章では、「白無常はソロで存在可能だが、黒無常は白無常とペアの場合だけ存在可能になる」という発見を起点に、無常が誕生してから現在に至るまでの変遷過程とその原理を検討した。その結果、「鬼に類する底辺の神」としての無常が、神としての格を上昇させるプロセスが明らかになった（野神から正神へ）。

一方、本章では、「鬼に類する底辺の神」としての原初的な無常が、そもそもどこから、どのようにして現れたのか、その前史について検討するものになる。つまり、勾魂使者の歴史に突如現れた、あの高帽子の無常が、どのような背景と原理のもとで形成されたのかを明らかにしながら、無常という存在を根本から問うてみようと思うのである。

議論の足がかりになるのは、白無常の相方たる黒無常の来歴だ。これまでの検討を通じて、黒無常は白無常に遅れて誕生したことが確定しつつある。しかし、その誕生の仕方は、いまだに曖昧な議論にとどまっていた。

そこで本章第1節では、文献調査とフィールドワークの両手法を併用しながら、黒無常誕生のプロセスを詳細に復元していく。意外にもここで重要なはたらきをするのが、前章（八六ページ）でも軽く言及していた、あの

図3-1　「点石斎画報」のバンザイ黒無常
（出典：左：「鬼染嗜好」「点石斎画報」〔寅12〕、中：「盂蘭誌盛」「点石斎画報」〔辛6〕、右：「鬼会」「点石斎画報」〔書7〕）

バンザイ黒無常なのである（図3―1）。

　本書に掲載した多数の写真資料を見てもわかるとおり、現在一般に知られる黒無常には「バンザイ」などという特徴はない。では、なぜ「点石斎画報」に描かれた黒無常は、しばしばバンザイのポーズをとっているのだろうか。

　結論からいうと、このバンザイ黒無常の特異なイメージには、無常とは異なるあるバケモノの存在が深く関わっていた。そして、このバケモノの正体を突き止めることこそが、すなわち黒無常誕生の謎を解明することと同義になるのである。

「申報」の摸壁鬼

　まず本項では、「申報《しんぽう》」[1]〔清末から民国期にかけて発行されていた大手新聞の一つ。「点石斎画報」はこの新聞の付録でもあった〕に報じられた江蘇南部～浙江北部の迎神賽会に関する記事を読み、バンザイ黒無常の正体を探りたい。

　例えば、一八九五年九月十二日付の「会景誌盛」という記事がある。当記事には、高資鎮（江蘇）で毎年中元節に催されていたという城隍神出遊《パレード》の様子を報じている。注目すべきはパレードで闊歩していたという「摸壁鬼《もへきき》」なる存在についての記述である。


　そのほかに黒い服を身にまとった者が一人いて、摸壁鬼の姿に仮装し、帽子は二尺あまりで、黒いお面を着け、八の字眉毛で舌をダラリと垂らし、腕を伸ばして誰かを捕らえるようなポーズをとっている。

なんと摸壁鬼は、黒い服を着て、二尺あまりの高帽子をかぶり、黒いお面をつけて、八の字眉毛で吐舌し、腕を伸ばして誰かを捕らえるポーズをしていたという（！）。その姿は、「点石斎画報」に散見される例のバンザイ黒無常と酷似していないだろうか。

「摸壁鬼」というキーワードを手に入れた私は、続けて「申報」を調査した。すると、以下のような記事が続々と見つかった。いずれも前掲の記事と同種の、江蘇南部〜浙江北部の迎神賽会を報じたものである。これらの記事で注目すべきは、「摸壁（鬼）」の名が記されたその位置である。

毎年七月中旬は中元節とされている。上海には様々な人々が大勢暮らし、各コミュニティではそれぞれに盂蘭盆会を催す。なかでも信心深い人々は、必ずこの機会に迎神の儀式を執り行い、様々な鬼に仮装する。例えば、無常・摸壁・大頭・小頭などである。

（「搶錠鬼」「申報」一八七三年十月二日）

蘇州では中元節を終えてから、各所で盂蘭盆会を執り行い、その数は二十カ所以上にのぼる。最も盛大なのが官署前の盂蘭盆会であり、ここでは例年七月下旬に資金を集めて会を実施する。今年は二十八日にパレードがおこなわれた。（略）また大頭鬼・小頭鬼・摸壁鬼・無常鬼などがあり、その容貌は凶悪で、見物客を震え上がらせた。

（「蘇垣近事」「申報」一八九五年九月十九日）

十五日は清明節で、各地の城隍神が街を練り歩き、報われない魂を慰める。浙江の城隍神は、俗に明の按察使で南海人の周以新と伝えられ、廟は呉山の麓に建てられている。（略）例年、祭りには無常や摸壁などに扮した者が登場し、手には刀や刺股を持ち、道沿いで跳んだりはねたりしていた。しかし昨年、それらの仮装が子どもたちを恐怖のどん底に突き落としてしまったため、今年は禁止になった。

（「柳浪聞鶯」「申報」一八九八年四月十三日）

このように当該地域の迎神賽会を報じた記事には、「摸壁（鬼）」の名がしばしば登場する。そしてそれらは、往々にして「無常（鬼）」と隣り合わせに記されていて、両者が恒常的に二体一対の関係で行列に参加していた状況をにおわせている（むろん、ここでの「無常（鬼）」は、イコール「白無常」と考えるべきである）。

ちなみに、張照（江蘇人）が編纂した『勧善金科《かんぜんきんか》』という目連戯の脚本にも、高帽子と長い腕の摸壁鬼が登場する（第五本巻下十九齣）。ここでも摸壁鬼は、閻王の下命のもと、やはり無常（白無常）と連れだって、寿命が尽きようとする者の魂を捕らえに現れるのだった。

さて、これらの点から、「点石斎画報」に散見されたバンザイ黒無常の正体とは、すなわち摸壁鬼であることが確定する。さらに、勾魂という職能の一致から、摸壁鬼が本質的に黒無常となんら変わらぬ存在であることも判明する（呼称が異なり、腕がちょっと長いだけ）。となると、「摸壁鬼」というのは、単に江蘇南部～浙江北部の黒無常の別称（方言）であり、その長い腕も黒無常イメージをめぐるローカルな偏差でしかない、ということになるのだろうか。現時点でその仮説は限りなく真に近いのだが、事《こと》はそう単純ではないのであった。

次項では、問題をより多角的に考察するために、清代の江蘇人が書いた筆記を取り上げ、摸壁鬼という存在について理解を深める。

筆記の摸壁鬼

『夜航船』[2]巻三「徐玉官怕鬼」には、摸壁鬼に関する以下のような記述が見つかる。

また摸壁鬼というのがいて、壁の陰にひそみ、人が通ると冷気を吐いて魂魄《こんぱく》を吸い取る。もしそれがうまくいかない場合は、衣服で通せんぼうし、身動きを取れなくする。このことを鬼作楽《きさくらく》といい、また鬼打牆《きだしょう》という。糞尿をかけると、その術を破ることができる。

摸壁鬼とは、壁の陰にひそんで道行く人の魂を奪ったり、身動きを取れなくしたりする存在だという。ここで摸壁鬼は、ソロで出現し、特に無常（白無常）との関係はうかがえない。人の魂を奪う点などは勾魂を司る無常を連想させるが、その対象が恣意的だったり、糞尿で撃退できたりするため、冥界の神々の指示のもとにおこなわれる官僚的勾魂とは性質をやや異にするといえる。

では、そんな特徴がどの程度普遍性をもつのかを確認するために、続けて『澆愁集』(3) 巻四「摸壁鬼」をひもとく。

ここで語られているのは、荘民農《そうみんのう》先生なる人物が体験した怪異現象である。ある晩に友人宅で酒を飲んでいた荘民農先生は、その帰り道、友人の銭《せん》という人物に遭遇する。しかし、銭の様子がなにやらおかしく、顔面蒼白でブルブルと震え、声をかけても反応がない。心配した荘民農先生は夜警に銭の介助を頼み、再び帰路につくことに。その直後、以下のようなバケモノに遭遇する。

黒い塊があり、大きさは供物台ほどで、高さはおよそ五、六尺。壁沿いにやってきて、両手を伸ばすと、頭を五、六尺ほど越える。壁の上に手を伸ばして何かを捕らえるようなポーズをとっている。頭は竹籠よりも大きく、両目は鈴のようで緑の光線を放ち、うめきながら手探りで進み、あたりをギョロギョロとうかがっている。

勇敢な荘民農先生が一喝すると、バケモノは黒い煙となって壁のなかに消えていったという。翌日、その正体について尋ねて回ると、ある人物が、それは「摸壁鬼」というもので、出会うと必ず病気になり、ひどい場合は死にいたるのだ、と答える。まさにその言葉どおり、銭はその日のうちに亡くなってしまう。

先ほど『夜航船』に確認できた摸壁鬼の特徴――①壁際に出現して人命を奪う、②白無常とは関係なくソロで出現する、③その勾魂は冥界の神々とは無関係――が、ここ『澆愁集』でも再確認されたといえる。

さて、これらの特徴に鑑みて、筆記で語られる摸壁鬼は、前項の「申報」や『勧善金科』に記述された摸壁鬼とは一線を画し、黒無常とも同一視すべき存在ではないことが判明する。また、それと同時に気づくべきは、本項の摸壁鬼には、前項の摸壁鬼がかぶっていた高帽子（無常最大のトレードマーク）が確認されないという重要な事実である。

これらの点を踏まえたうえで、私は両者の関係性を、〈原初的な摸壁鬼〉と〈無常化しつつある摸壁鬼〉として解釈し、以下のような推移があったものと想定する。

本来、摸壁鬼は無常とは関係なく、人の魂を奪うバケモノとして語り継がれていた。しかし、いつのころからか、摸壁鬼を無常の相方と見なす習慣が生じた（勾魂という共通項が媒介になったと私は考えるのだが、詳細は後述）。それに伴い、元来なかった高帽子というイメージも、無常の影響下で新たに付与されることになった。その後、長すぎる腕をはじめ異形の要素が漂白され、その名称も黒無常に変化していったのではないだろうか。つまり、黒無常というのは、江蘇南部～浙江北部に伝わる摸壁鬼という手長のバケモノが、無常（白無常）の影響を受けて変化したものだったと私は考える。

次項では、江蘇省張家港でのフィールドワークで採集した非文字資料を参照しながら、前述の仮説について再検討する。

民俗舞踏の摸壁鬼

私は調査の過程で、江蘇省張家港《ちょうかこう》に摸壁鬼にまつわる民俗舞踏が伝わることを知った（写真3―1）。くだんの舞踏は、二〇一一年に蘇州市級の非物質文化遺産に登録されていて、少なくない情報がネット上に出回っていた。幸いなことに、舞踏の伝承人・姜理新《きょうりしん》氏の連絡先もそのなかに見つけることができた（写真3―2）。さっそく取材依頼の手紙を送ったところ、すぐに快諾の返事があり、張家港での取材が実現した。

二〇一八年十一月十六日、張家港某所で姜理新氏と面会を果たした。姜氏の自己紹介から、氏が文化大革命期に張家港兆豊《ちょうほう》の生産隊に加入して文化宣伝隊の劇団員として活躍したこと、その後、同宣伝隊の指導のもと、一九八〇年代から民俗舞踏の保護を目的とした調査活動に携わるようになったこと、その過程で摸壁鬼舞踏という保護の対象を発見したこと……など、氏と摸壁鬼舞踏の関わりについて知ることができた。

ところで、姜氏は前述の調査にあたり、張家港の農村地帯を主なフィールドとし、計六人の芸人に取材したという（写真3―3、3―4）。現在張家港に伝わる摸壁鬼舞踏は、その取材結果をベースに、彼なりの改編を加え

写真3-1　摸壁鬼舞踏（写真提供：姜理新氏）

写真3-2　摸壁鬼舞踏を実演する姜理新氏（写真提供：姜理新氏）

たものなのだそうだ。では、その舞踏の原型はどのようなものだったのか、また、そもそも摸壁鬼とはどのような存在なのか、私が重点的にインタビューしたのは、こうした点だった（以下、私の質問と姜氏の回答を再現する）。

まず私は、摸壁鬼舞踏の来歴について尋ねた。それに対して姜氏は以下のように回答した。

> 摸壁鬼舞踏の原型になったのは、迎神賽会のパレードでの動作です。摸壁鬼は行列の先頭に立ち、威嚇のポーズを取りながら神さまのために道を切り開く役割を果たしていました。

つまり、現在に伝わる摸壁鬼舞踏とは、かつて迎神賽会で「開道」の役割を担っていた摸壁鬼の動作を部分的

写真3-3　芸人への取材の様子（写真提供：姜理新氏）

写真3-4　摸壁鬼舞踏を実演する芸人（写真提供：姜理新氏）

に切り取ったものだった。言い換えれば、摸壁鬼舞踏の始原とされているのは、「申報」の諸記事（江蘇南部〜浙江北部の迎神賽会を報じたそれ）にも記録されていた、本書でいうところの〈無常化しつつある摸壁鬼〉の動作だったのである。

そこで私は、姜氏の調査結果を「申報」の記述と比較するため、迎神賽会での摸壁鬼がどのような姿だったのか、ソロで登場したのか、それとも無常とのペアだったのか、高帽子をかぶっていたのか否か、尋ねた。それに対して姜氏は以下のように回答した。

顔にススを塗って真っ黒にしたり、黒いお面をつけていたりしたようです。白和尚〔白無常〕[4]と一緒のこともあれば、摸壁鬼だけのこともあります。そのときどきで異なったり、地域によって違ったりします。同様に、無常のような高帽子は、かぶっていることもあれば、かぶっていないこともありました。

前項で私は、まずは〈原初的な摸壁鬼〉が存在し、それが無常とともに迎神賽会に参加する過程で高帽子をかぶるようになったのではないか、と推論した。しかし、姜氏の証言によれば、摸壁鬼は迎神賽会にソロで登場することもあり、高帽子の有無もときどきで異なっていたという。つまり、摸壁鬼から黒無常への変遷過程は単線的なものではなく、新旧の形態が併存する状況があったようである。

私は続けて、核心により接近した質問として、摸壁鬼と黒無常は同じ存在と考えていいのか、ストレートに尋ねてみた。それに対して姜氏は以下のように回答した。

摸壁鬼と黒和尚〔黒無常〕は異なる存在です。黒和尚〔黒無常〕は摸壁鬼が変化したものと私は考えています。

黒無常を摸壁鬼が変化したものとする姜氏の回答は、図らずも私の仮説と一致するものだった。つまり、私が諸文献資料から導いた仮説と、それらの資料を一切参照せず、地元民としての知見と芸人へのインタビューに基づく姜氏の仮説とが、ここで重なり合ったのである。

最後に私は、摸壁鬼とはズバリどのような存在なのか、尋ねることにした。それに対して姜氏は以下のように回答した。

摸壁鬼は最も原始的な鬼《グイ》です。

「原始的」とはいったいどういうことか。その真意は必ずしも定かでないものの、私は以下のように解釈可能ではないかと考える。

例えば、張市港の地元テレビ局が制作したある報道番組で摸壁鬼舞踏が特集されたことがあった。(5) その映像のなかに、摸壁鬼について以下のように語る二人の女性（いずれも張家港楽余鎮双橋村の村人）の姿が記録されている。

摸壁鬼は子どもをさらったり、人を脅かしたりする。（張家港楽余鎮双橋村の村人A）

摸壁鬼は凶悪な見た目で非常に恐ろしい。顔に黒いものを塗っていて、それを見た人はみんな怖がる。だから子どもが言うことを聞かないときは、摸壁鬼が来るぞと脅かす。（張家港楽余鎮双橋村の村人B）

証言によれば、当地には言うことを聞かない子どもに「摸壁鬼が来るぞ」と脅かす習慣があったという。現在そのような習慣はほとんど廃れているようだが、かつて摸壁鬼は誰もが知る身近な恐怖の対象だったということだろう。

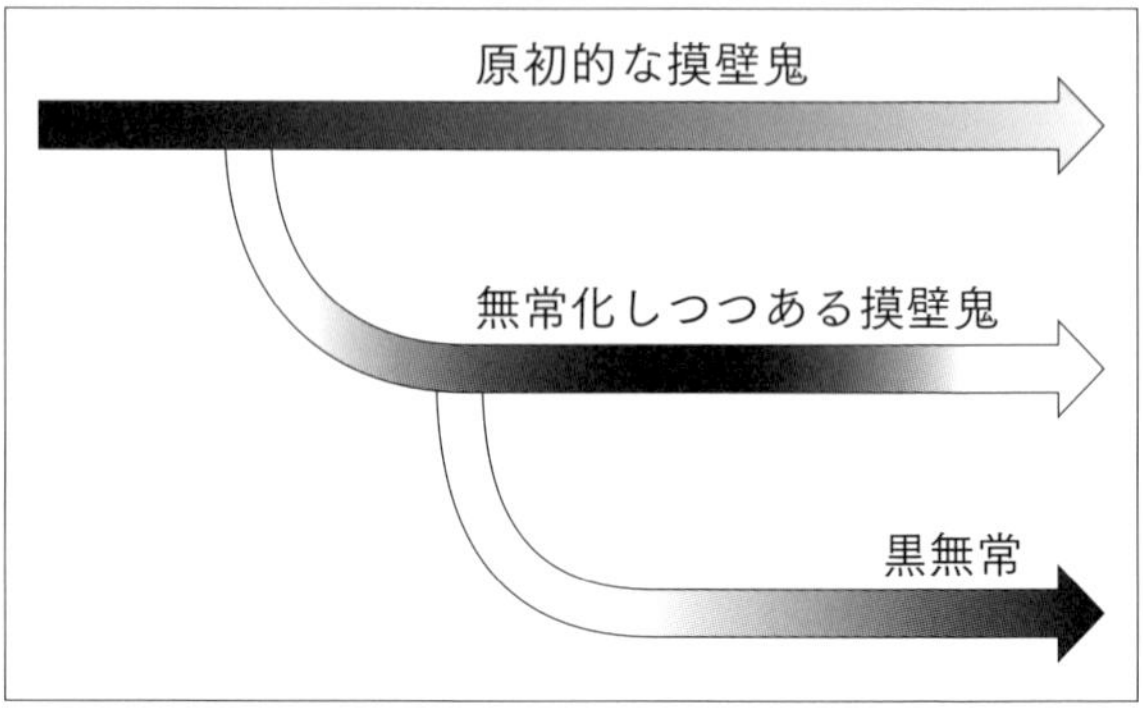

図3-2　黒無常の変遷（派生）過程（筆者作成）

澤田瑞穂は、摸壁鬼（あるいは、それに類似する「鬼打牆」）という怪異の原因に「夜道の暗さ」があったとし、類似する伝承を北京（豊台）で耳にしたこと、同種の話が日本の滑稽怪談にも存在することを指摘している[6]。

説得力がある仮説と思う。摸壁鬼を支えるのが「暗闇に対する恐怖」というプリミティブな感情だからこそ、地域や国を問わず類似する怪異が同時多発的に語られてきたのだろう。このような観点で、摸壁鬼は（城隍神の部下だのなんだのと様々な理屈が伴う無常などに比べて）まさに「原始的」な鬼といえるのではないだろうか。

さて本節では、文献資料に基づく考察を、江蘇省張家港で実施した姜氏へのインタビューによって再検証した。結果として、仮説に若干の修正を施す必要が生じたといえる。修正の対象になるのは、摸壁鬼から黒無常への変化の仕方である。

まずは、〈原初的な摸壁鬼〉がいた。暗闇への根源的な恐怖が偶像化された〈原初的な摸壁鬼〉は、道行く人の身動きを封じたり、その魂を奪ったりする手長のバケモノとして語られていた。次第にそれらは、冥界の官僚組織に取り込まれ、迎神賽会で開道の役割を果たすことになる。その過程で〈原初的な摸壁鬼〉は無常としばしばコンビを組むようになり、高帽子をかぶった〈無常化しつつある摸壁鬼〉が生じる。その後、無常の相方として定着した摸壁鬼は、元来あった手長という形象を消失し、その名称も〈黒無常〉となる。

ただし、〈原初的な摸壁鬼〉→〈無常化しつつある摸壁鬼〉→〈黒無常〉という変遷は、むしろ新しい形態が派生する過程というべきもので、そのために、新旧の様々な形態が併存する状況があった。古い形態は、徐々に認知されなくなっていくものの、人々に記憶され続けるかぎり常に存在しつづけるのである。この様子を概念的に図示したのが図3―2である（黒と白のグラデーションで示したのは、存在感の変化であり、黒が濃い部分がプレゼンスを強めている時期である）。

では、あらためて本節の論理展開をおさらいしよう。

①「点石斎画報」の黒無常は、なぜかバンザイのポーズをとっていた（バンザイ黒無常）。

②「申報」の諸記事から、バンザイ黒無常が「摸壁鬼」と名指されていたことが判明した。

③一方、清代の筆記にも摸壁鬼に関する記述が散見されたが、それらの摸壁鬼は白無常の相方でもなく、高帽子もかぶっていない、無常とは無関係なバケモノだった。

④前述の諸条件に鑑みて、摸壁鬼というバケモノが無常（白無常）の相方になる過程で徐々に黒無常に変化するという推移があったのではないかと推論した。

⑤張家港（江蘇）で摸壁鬼に関するフィールドワークを重ねた姜理新氏を取材したところ、氏も摸壁鬼→黒無常という変遷過程を想定していた。

しかし、本来まったく無関係だったはずの摸壁鬼と無常（白無常）が、なぜ二体一対の関係として結ばれたのだろうか。この問題は、次節での議論を踏まえたうえであらためて結論を下そうと思うが、あらかじめ若干の考察を試みておく。

私は前述の問題を考えるうえで、「福建」に伝わる短軀の黒無常に（同時に）注目するのが重要と考えている。なぜなら、この視点に基づくことで、白無常には地域的な差異がほとんど確認されない一方、黒無常には地域ごとにバリエーションが存在する、という構図が浮かび上がってくるからだ。

前章で指摘したとおり、清代中期に高帽子の無常が突如誕生する。初期の無常は、白無常の姿だけが描かれるか、白無常が不特定の相方とともに描かれていた。おそらく、本節で考察した摸壁鬼（バンザイ黒無常）、あるいは「福建」の范無救（チビ黒無常）なども、この不特定の相方の一つとして位置づけられるのではないだろうか。

目下理由は不明だが、無常（白無常）はとにかく相方をほしがった。言い換えれば、「無常には相方がいる」という想像力が人々の間でしばしばはたらいた。しかし、無常（白無常）のイメージが比較的早期に人口に膾炙したのに対し、相方のイメージは長らく定まらなかった。そのため、「無常には相方がいる」という言説だけが独り歩きする状況が生じ、各地で独自のビジュアル化がおこなわれた。江蘇南部〜浙江北部の場合、その際に活用されたのが、勾魂といういう点で無常と類似する土着のバケモノ、すなわち摸壁鬼のイメージだったのではないだろうか。

となれば当然、「福建」の黒無常がもつ短軀というイメージは何を由来としたものなのか、さらには暗黙裡にペンディングしていた、そもそも無常（白無常）とはどのようにして誕生したものなのか、という疑問がここで生じることになるだろう。引き続き次節で検討する。

2　白無常の誕生——山魈というバケモノに着目して

前節では、江蘇南部〜浙江北部に伝わる摸壁鬼というバケモノに着目し、黒無常が誕生するまでのプロセスを追った。そのうえで本節では、いよいよ無常の本体である白無常の誕生プロセスについて考察を試みたいと思う。

再三述べてきたとおり、無常は歴代の勾魂使者とは一線を画す、新たな勾魂使者として清代中期に現れ、瞬く間に人口に膾炙する存在になった。しかし、その詳細なプロセスはいまだ不明であり、従来の勾魂使者と無常の間に介在するミッシングリンクを探らなければならない。では、その手がかりはどこにあるというのか。

まず明確にすべきは、従来の勾魂使者と新たな勾魂使者である無常の差異がどこにあるのか、という問題である。前章で確認したとおり、勾魂使者の姿は従来「赤色や黄色の衣服を身にまとった役人風の人物」（九六ページ）だった。では、この特徴を無常から差し引いた場合に何が残るのか。

あまりにも多くのものが残るものの、例えば、高帽子をかぶっていること、ときに白黒一対であること、地域によってはノッポとチビの凸凹ペアであること、勾魂使者でありながら「一見生財」であること……などの要素が残り、それらが従来の没個性的な勾魂使者にはない無常の特徴として再認識されることになる。

となれば、ここである発想が立ち上がってくるのではないだろうか。つまり、無常とは、前述の諸要素がなんらかの経緯で従来の勾魂使者に付与され生成した化合物的存在だった可能性である。しかし、仮にそうだったとして、それらの諸要素はどこからどうやってきて、どのように勾魂使者と化合したというのか。

ここで想起すべきは、摸壁鬼の黒無常化という現象だろう。摸壁鬼はなぜ黒無常になれたのか。

前節で述べたとおり、無常はとにかく相方を欲していた。結果的に、摸壁鬼がその相方に選ばれることになった。私はそのキューピッド役を、無常と摸壁鬼の共通項である〈勾魂〉という要素が果たしたのではないか、と考えた。言い換えれば、〈勾魂〉のアナロジーによって両者は結び付けられたのではないか、と仮定したわけである。その根拠とは何か。

第1章で、「癟三」という無常伝承を取り上げたのを覚えているだろうか（六五ページ）。浙江省嘉善県で採集された本伝承の骨子は、畢三という男がある晩に無常に遭遇して金塊を贈与されるが、粗相をきっかけにそれを失ってしまう、というものだった。ここでは無常が登場する直前の描写に注目したい。

歩くこと二時間、歩けど歩けど、依然として墓地のなかから出ることができない。畢三は道に迷ったことを悟った。鬼打牆にあったのだ。(7)

重要なのは傍線部の「鬼打牆《きだしょう》」という語句であり、想起すべきは前節で取り上げた『夜航船』「徐玉官怕鬼」の記述である。そこでは、夜道で身動きの自由や、ひどい場合には命まで奪ってしまう摸壁鬼の別称、あるいはそれに類似する怪異の呼称として鬼打牆の名が挙げられていた（摸壁鬼＝鬼打牆）。摸壁鬼と無常の親密な関係を確認ずみの私たちは、したがって前述の伝承に鬼打牆の名が語られることをもはや偶然として見過ごすことはできない（無常≒鬼打牆≒摸壁鬼）。

つまり、無常と摸壁鬼、あるいは鬼打牆といった怪異たちは、それぞれに微妙な差異が認められながらも、広義の〈勾魂〉という共通項のもと、互いに互いを連想させる関係にあったのではないだろうか。したがって、それらはときに混同され、ときに影響を及ぼし合いながら、見た目や性格を変容させていったのだろう。その一例が、摸壁鬼の無常化だったと私は考える。

無常の形成プロセスを検討するうえでも、前述の観点、すなわちアナロジーに基づく混交と変容が鍵になるのではないだろうか。つまり、摸壁鬼が無常と交わることで黒無常が形成されたように、無常それ自体もまた、従来の勾魂使者がなんらかの勾魂鬼と混交することで生成した化合物的存在だった可能性が検討されていいだろう。となれば最大の論点になるのは、その「なんらかの勾魂鬼」とはいったい誰なのか、という問題である。

ここで私は、山魈《さんしょう》という名のバケモノを召喚したい。山魈は中国の古代神話に登場する夔《き》に淵源をもつとされるきわめて古いバケモノだが、その最古の記述としてしばしば引かれる『国語』(8)魯語下の韋昭注には以下のように記されている。

夔は一本足である。越人はこれを山繅という。音は「騒」、あるいは「猣」に作る。富陽に生息している。人面猴身で言葉を話すことができる。独足という説もある。

ここでの表記は「山繅」「山猣」となっているが、すなわち山魈のことである。また、山魈に類するバケモノとして「山都《さんと》」「木客《ぼっかく》」「五通《ごつう》」などが有名で、中野美代子はそれらを「要するに、人ともサルともつかぬ山中の妖怪である」(9)とひとからげにした（さしあたり本書もその解釈を踏襲することにしたい）。

では、山魈というサルに似たバケモノがどのような点で無常と接点をもつというのか。一九九〇年代に浙江省の山魈伝承を精力的に採集した雷国強は、この問題について以下のように述べている。

無常は民間信仰で知られる、人が死ぬときに閻王によって派遣される「勾魂鬼」である。その姿は、「白い服を着て、高帽子をかぶり、長髪で長い舌を吐き出している」といったもので、非常に恐ろしいイメージで描写される。無常が臨終者の魂を捕らえるのと、山魈が山中で人の魂を幻惑する役割は、相似しているように思われる。もしかすると、山魈の身を隠す魔力と無常は淵源の関係にあるのではないだろうか。目下、両者の関係をより明確に説明する資料は不足している。(10)

ここで指摘されている「山魈が山中で人の魂を幻惑する」や「山魈の身を隠す魔力」という要素の詳細は後述するが、要するに山魈がまとういくつかの特徴が無常のそれにきわめて似通っている、というのである。そのうえで雷国強は、目下論拠不十分であると断りながら、山魈が無常に対して淵源の関係（山魈→無常）にあるのではないか、と推論を進めるのであった。

ちなみに、やはり一九九〇年代に浙江省の山地で「山の怪」（要するに山中に生息するバケモノ）に関する伝承採集をおこなった馬場英子も、その成果をまとめた二つの論考で無常と山魈の類似性を示唆していて、(11)また、馬場の成果を参照した川野明正も、両者が「似た性格」であることを認めている。(12)

ただし、無常と山魈の直接的な影響関係を示唆したのは、管見のかぎり雷国強をおいてほかにおらず、また雷自身も、その仮説を論拠不十分としているのは先に述べたとおりである。だが、私は雷の仮説に大きな可能性を感じている。なぜなら雷が指摘する山魈と無常の共通項、とりわけ〈勾魂〉という要素は、やはり無常と摸壁鬼の間にも介在する重要な共通項の一つだったからである。

というわけで、本節では雷の仮説を引き継ぎ、その論証を目指すことにする。

古今の山魈伝承を総動員しながら、まずは第一項「勾魂をめぐる類似」で、「無常（勾魂使者）―山魈」の関係性が「無常―摸壁鬼」のそれと同様に混交し影響し合うものだったことを明らかにする。そのうえで、「体軀のサイズをめぐる類似」「帽子をめぐる類似」「二元性をめぐる類似」「そのほかの類似」という各項を設けながら、それ以前の勾魂使者にはない無常の数々の特徴が、山魈の特徴と驚くほど一致するという事実を指摘していく。

こうした無常と山魈の詳細で多角的な対照作業によって、雷が控えめに提示した山魈淵源説がより確かなものとして立ち上がってくるはずである。

勾魂をめぐる類似

雷国強は、浙江省宣平に伝わる山魈伝承の特徴を以下のように要約する。

宣平の山民は、山中に赤い帽子をかぶり、姿形は子どものような鬼魅がいると考えている。その名は山魈といい、よく人を幻惑したり、山林のなかで迷子にさせたり、病気にさせたり、ひどい場合は死に至らしめたりする。(13)

こうした山魈のわるさをめぐる伝承は、宣平に限らず浙江の山村ではおよそ普遍的に伝わるもののようである。例えば、馬場は浙江省麗水で類似する以下のような伝承を採集している。

山道を四、五人で歩いている時、途中でだれかいなくなるようなことがあると、山魈に連れ去られたという。こういう時は、ドラをたたき「山魈娘（山魈の母）」の悪口を言いながら捜す。山魈は親孝行だから悪口に我慢できず人を返すが、見つかった人は、体中泥だらけで、目耳鼻口にミミズや泥を詰められている。山魈はミミズをうどん、カエルを鶏として食わせる。捕まえられていた人はぼうっとして何も覚えていない。自分が知っているいちばんひどい例では、近所に、小さい時、とても賢かったのに、四歳の時に捕まえられ

て帰ってきて以来、まるでバカのようになり、リリルルとわけのわからない山魈言葉しか話せなくなった男がいる。(14)

ここで語られた、「親孝行」「さらった人の目耳鼻口に泥をつめる」「ミミズをうどん、カエルを鶏として食わせる」「さらわれた人はバカになる」などの山魈の特徴は、私が福建省福安で採集した山魈伝承でもしばしば確認されるものだった。例えば、以下のようなものである（当地では、山魈のことを「山妖」と呼ぶ）。

山妖の背丈は五、六歳ほどで、子どもをさらう。私が小さい頃に、ある村の子が山妖にさらわれたことがある。大人たちが発見したときに、ちょうど山妖はその子にミミズを餌付けしていたらしい。山妖は大人たちの姿を確認した途端にいなくなってしまったという。山妖の体は赤い毛で覆われていたとその姿を目撃した人は言っていた。山妖にさらわれた子どもはバカになってしまい、正常な人になることはできない。老人が言うには、山妖は雷や火が苦手なので、「雷だ！　火事だ！」と言えば恐れて逃げ去る。あくまで伝説であって、そんなものが実在するのかはよくわからない。私が思うに、その正体は人ともサルともつかない動物である。(15)

村の子どもが山妖にさらわれたことがある。みんなで棚田を端から端まで捜索したが見つからなかった。しかし、復路で子どもが見つかった。往路ですでに捜索ずみの場所だったはずだが、おそらく山妖が帽子でその姿を隠していたのだ。子どもの耳と口は泥を詰め込まれていたので、助けを求める声も出せなかったのだ。子どもを連れ帰り、耳と口の泥を洗い流した。しかし、魂を失ったようにフラフラしているので、巫師を呼んだ。子どもは数日後に正常に戻った。(16)

写真3-5　調査協力者の徐峰氏（左）によるインタビューの様子（撮影日：2018年12月19日）
徐峰氏とは廈門発梅州行きの列車のなかで偶然知り合った（ここで基本装備の一つ「文庫本」が大活躍したのだった）。実家が福安の山地というので「山魈を知っているか？」と尋ねると（当地は浙南地域に隣接するため山魈伝承が存在する可能性が濃厚だと判断したのである）、はたして前述のような伝承を語ってくれた。以来、徐峰氏はインフォーマント兼調査協力者（通訳や運転）として本研究のために尽力してくれている。

いずれの伝承でも共通するのは、山魈にさらわれた人物が正気を失うという点である。これこそ雷国強が山魈と無常との類似点として指摘する「人の魂を幻惑する」（＝勾魂）という特徴だが、当然それは私たちに摸壁鬼や鬼打牆を想起させるトリガーともなる。ちなみに、馬場が寧波で採集した以下の伝承には、こうした山魈・摸壁鬼・鬼打牆の類似性が語句の次元で直接的に表現されている。

> 山には「山裏魈（鬼?《ママ》）」というものがいて、清朝の役人のような赤い房のついた帽子をかぶっている。山道を歩いていて、急に道がなくなって目がはっきり見えなくなったり（「山鬼打牆」）、泥団子が頬に投げ付けられたりするのは、山裏魈のしわざである。(17)

赤い房の帽子（実は「赤帽子」も山魈のトレードマークの一つである）をかぶった前述のバケモノは、やはり山中で人を幻惑するのだが、当地ではそのことを傍線部にあるとおり「山鬼打牆」と表現するという。つまり山魈は、山版の鬼打牆というわけである。

また、これと同種の事例が、民国期の民俗学雑誌「民間月刊」に寄せられた葉鏡銘の報告にも見られる。浙江省富陽で採集したという「鬼打牆、泥の菓子を詰め込む」という伝承について以下のように記されている。

夜間一人で道を歩いているときに、もし鬼打牆にあうと、たちまち周りを取り囲まれ、身動きが取れなくなる。さらには、泥の菓子を食べさせられ、泥の塊を口のなかに詰め込まれる。息ができなくて、それが原因で窒息死してしまうこともよくある。(18)

人をさらい、口に泥を詰め込むその所業はまさに浙江や福建に伝わる山魈のそれである。要するに、山魈・摸壁鬼・鬼打牆は性質が似ているだけでなく、呼称の次元でも、[山魈≒鬼打牆（摸壁鬼）]というゆるやかな等式を成立させるのだった。

すでに私たちは、[無常≒鬼打牆（摸壁鬼）]という、もう一つのゆるやかな等式を確認ずみであり、論理のうえでは[山魈≒無常]がすでに成立しているということになる。しかし、そんな第三の等式は、ある言説（伝承）を媒介させることで、より確かな裏付けを取ることができる。

ここで重要なはたらきをするのは、台湾の山魈――「モシナ」の存在である（台湾では一般的に「魔神仔」と漢字表記する）。まずは台湾の妖怪に詳しい伊藤龍平による解説を引用し、モシナの概要を把握したい。

モシナとは、主に夜、山中や草原に出る怪で、道行く人を迷わせて帰れなくしたり（第5章で取り上げた「迷わし神型」）、夕方まで遊んでいる子どもをさらったりする。また、口のなかにイナゴを詰めたり、夜中に寝ている人を金縛りに遭わせたりもする。

（略）

モシナの容姿については、赤い帽子と赤い服（もしくは、赤い髪、赤い体）の子どもの姿（猿に似ているとも）をしているといわれるが、一方では、人の目に見えない気配のようなものだともいう。(19)

赤い帽子をかぶり、子どもあるいはサルのようで、道行く人を迷わせたり、さらったり、口にイナゴを詰めたりするその特徴は、まさに山魈と一致するものである。こうしたモシナ伝承は、福建人の台湾流入とともに当地へ伝播したものとみて間違いない。だが、なぜ台湾では山魈をモシナと呼ぶのか。モシナに詳しい林美容は、その著作『魔神仔的人類学想像』で、この問題――「モシナ」という名の由来について以下のように述べている。

> 研究の過程で、数人の学者やインフォーマントとも mô-sîn-á を漢字でどのように表記すべきかという問題を語り合うことになった。福建漳州師範学院の言語学を専攻する教授は私に以下のように語った。彼女は漳州人で、かつて漳州あるいは長泰いずれでも現地の農民が「無常仔」(bû-siông-á) あるいは「牛箱仔」(gû- siông-á) と呼ぶのを聞いたことがあり、彼女によればその呼称が指す対象は台湾のモシナと同一の存在であるという。ただし、彼女は「魔神仔」という表記は誤りであり、「牛箱仔」も誤りであり、最も標準的な表記は「無常仔」だという。無常仔というのはすなわち無常のことで、彼女によれば無常は人の魂魄を勾引する存在だそうで、その意味でも「無常仔」と表記するのが正しいという。[20]

この「教授」の説ではモシナの本来的な表記は「無常仔」だという。確かに閩南語の「魔神仔 mô-sîn-á」と「無常仔 bû-siông-á」は発音が似ていて、本来「無常仔」と表記すべき対象が伝承の過程で「魔神仔」と誤記誤伝された可能性は十分に考えられるものである。

また、〈勾魂〉という機能でモシナと無常仔(ここでは高帽子の無常ではなく、広く勾魂使者としての無常と捉えるべきである)が一致するという「教授」の主張、すなわち[モシナ(山魈)=無常(勾魂使者)]という等式は、現地人(漳州人)によって表明された認識の一つとして簡単に棄却できるものではない。[鬼打牆(摸壁鬼)≒無常]のアナロジーしかり、人の魂(意識)が幻惑されることと、魂があの世に連れていかれることとは、私たちの想像以上に隣接した現象として認識されていたと考えられる。

つまり、広義の〈勾魂〉というファクターを媒介に成立する［山魈≒鬼打牆（摸壁鬼）］というゆるやかな等式が、モシナを介してさらに勾魂使者（無常）と接続され、図3―3のようなベン図的重複（勾魂使者（無常）≒山魈（モシナ）≒鬼打牆（摸壁鬼））がここに成立する。やはり、［勾魂使者―山魈］の関係性は、［無常―摸壁鬼］のそれと同様、互いに混交し影響し合うものだったのである。

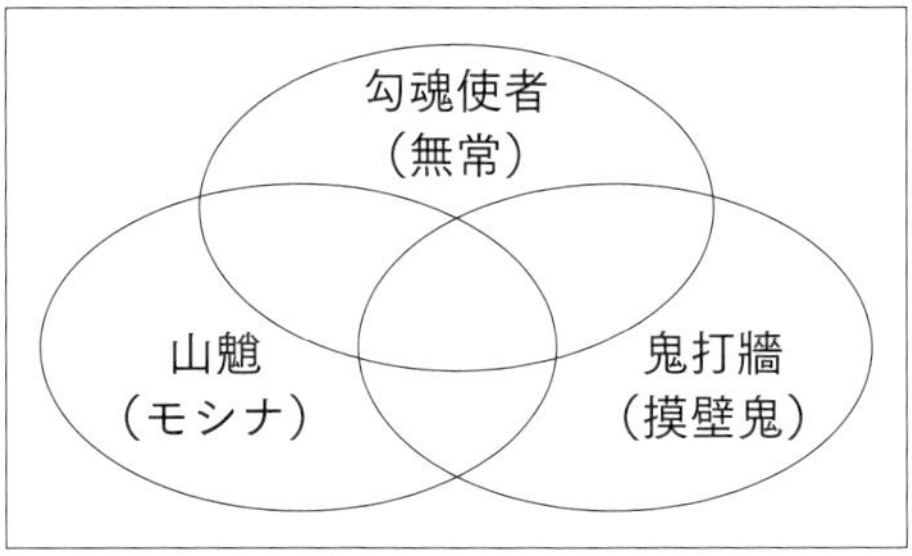

図3-3　勾魂使者・山魈・鬼打牆のベン図的重複（筆者作成）

体軀のサイズをめぐる類似

山魈はその伝承で短軀とされる場合が多い。しかし、山魈の体軀を長大とする言説も他方では少なからず存在する。例えば、『爾雅』巻十「狒狒、如人、被髪、迅走、食人」のくだりに付された郭璞注には、山魈（山都）の体軀が一丈以上もあると述べられている。また、『本草綱目』巻五十一「狒狒（集解）」で、李時珍は『方輿志』を引きながら、やはり山魈の体軀が一丈あまりあるとしている。さらに、おなじみ「点石斎画報」でも、山魈はしばしば巨大な体軀として描かれるのだった（図3―4）。つまり、山魈は文献によって、大きかったり小さかったりするというわけである。

実は、このような体軀のサイズをめぐる混乱は、無常の特徴の一つでもある。例えば、『酔茶志怪』[21]をひもとくと、「小無常」（巻二）と「無常二則」（巻二）という無常をめぐる二つの話が見つかる。無常の登場場面に絞って両者を比較したい。

> 街の郭茂才という者が海に出て、酔って夜に帰宅した際、鬼に遭遇した。鬼は背丈が十歳ほどの子どものようで、白い服を着て高帽子をかぶっていた。道の左に立っていて、廟の中の土偶に大変似ていた。

街のある医者が夜に輿に乗って城隍廟の前を通った際、人夫が突然立ち止まり前へ行こうとしない。奇妙に思い簾の隙間から外を覗くと、二人の大きな鬼がいる。背丈は一丈に満ちるほどで、一人は白衣、一人は黒衣である。

傍線部にあるとおり、一方は「十歳ほどの子どものよう」で、一方は「一丈に満ちるほど」と形容されている。やはり、体軀が短小だったり長大だったりするのである。こうした無常の体軀をめぐる混乱は、ノッポとチビがペアになる福建系無常のイメージなども私たちに連想させるのではないだろうか。

図3-4 「点石斎画報」に描かれた巨大な山魈
（出典：上＝「山魈顧曲」〔数10〕、下＝「山魈梗路」〔竹7〕）

では、なぜ無常の体軀は大きかったり小さかったりするのか。私は、ここに山魈の影響を見るべきではないかと考えるのだが、以下、この仮説をさらにいくつかの伝承とともに検証する。

まず、想起したいのは、馬場が温州で採集した背丈が伸縮する無常伝承である（本書六六ページを参照）。馬場はそれらの伝承を紹介したうえで、『越諺』[22]中巻「鬼怪」の以下のくだり、

魍魎鬼、俗に人を見ると次第に背が伸びて止まらず、靴を脱いで高く掲げそれを越せばようやく止まるという。

と、葉鏡銘が採集した以下の伝承、

魍魎鬼は、身体が伸縮自在である。小さいときは数尺で、大きくなると、数丈もの高さになる。その帽子は、もし人が得ることができれば、頭にかぶり、身体を隠すことができ、誰にも見えなくなる。[23]

を引き、無常の伸縮性が魍魎の特性と一致することを指摘する。

そのうえで馬場は、『国語』魯語下の「木石之怪、夔、魍魎」のくだりを引き、魍魎が夔（山魈）と同類の山中に住まうバケモノであると指摘し、「白無常の伸縮の話は、この魍魎鬼の伝承と関係があるのではないだろうか」[24]と結論づける。馬場の仮説を私流に換言すれば、無常のイメージに確認される身長の混乱は、山のバケモノである山魈の特徴に一致するものである、となる。

前項では、山魈と勾魂使者が〈勾魂〉という要素を媒介に混同されうる関係にあることを指摘した。この点と本項の成果を総合すれば、本来は没個性的だった役人風の勾魂使者が、〈勾魂〉という類似性によって山魈と混同され、バケモノの特徴――すなわち、短軀だったり長軀だったり、あるいは体軀が伸縮自在だったりする特徴

を獲得する、という経緯が立ち上がってくるのではないだろうか。

そのうえで、「福建」の無常はなぜノッポとチビのペアなのか、という問いに答えるならば、勾魂使者が体軀の伸縮自在性を獲得したあと、ノッポの白無常とチビの黒無常に分裂した、そんな可能性を私は指摘したいと考える。

現時点では荒唐無稽に聞こえるかもしれないが、次々項「二元性をめぐる類似」での議論を踏まえることで、「分裂」という現象が大いにありうるということが理解できるはずである。

帽子をめぐる類似

無常は「一見生財（ひとたび出会えば大儲け）」と書いてある高帽子をかぶっている。このような帽子は他に類を見ないものであり、そのために無常最大のトレードマークにもなっている。実は、この高帽子に関しても無常と山魈は奇妙な一致を見せるのである。

まずは、第1章で取り上げた無常の隠身帽伝承を想起されたい（六四ページ）。その骨子をおさらいすると、①金に困っている男がいる、②無常から隠身帽を手に入れ富を得る、③勤勉さを失い粗相を犯して富も失う、というものだった。この点を押さえたうえで、顧希佳が要約した山魈伝承の一類型を以下に引用したい。

山魈がある人物に報いるために、その人物に身を隠すことができる山魈帽（あるいは衣服）を贈る。その人物はそれ以来働きたがらず、いつも山魈帽（あるいは衣服）を身につけて窃盗をおこなう。その後、帽子（衣服）が破れ、その妻（あるいは母親）が糸で繕うが、身を隠せてもこの糸は消えない。その人物が再び窃盗をおこなった際に、消えない糸が原因で人に発見され、その場で捕まる（あるいは殺される）。あるいは、この人物が富を得たのちに山魈帽を山魈に返す（あるいは山魈に取り返される）。[25]

指摘するまでもなく、前述の要約は、無常の隠身帽伝承の骨子とピタリと一致している（粗相の仕方まで統一的だ）。つまり、隠身帽をめぐる同一構造の伝承を、無常と山魈は共有しているのである。雷国強はこれを「身を隠す魔力」と表現し、山魈から無常への影響関係を推論したのであった。

ただし、実は隠身帽に着目するかぎり、前述の仮説を論証するのは困難になる。なぜなら、山魈がいつのころから隠身帽をかぶりだしたのか、必ずしも明確ではないからだ（W・エバーハルトも「〔山魈の隠身帽伝承は〕古典の書物にはあまりみられない」[26]と指摘する）。仮に、山魈の隠身帽伝承が無常のそれに比して古くから伝わることが確定できれば、「山魈→無常」という影響関係は指摘しやすいものの、残念ながら両者は口頭伝承として共時的に並存するだけである。

では、雷の仮説は成り立たないのか。そうではない。むしろここでは隠身帽が担う、富の贈与（と収奪）というその機能に着目するのが重要になる。

例えば、『夷堅志』[27]「丁志」巻十九「江南木客」では、五通・木下三郎・木客・独足五通などの山魈と同類のバケモノについて、以下のように述べられている。

変幻して人を惑わすこと、およそ北方の狐魅と似たものである。しばしば人を富ませるため、小人はそれを好んで迎えてお祀りし、不正な富を得ようとお祈りする。もし少しでもその意に反すれば、財産を奪い去りほかの人に渡してしまう。

隠身帽という要素は語られないものの、気まぐれに富を贈与し収奪する点で、隠身帽伝承と同一の構造が確認できる。そして、この気まぐれな両義性は、倫理的基準とはまったく無関係に富を贈与し収奪する無常の特徴でもあり（第1章では「チンピラ」と表現した。六三ページ）、また従来の没個性的な勾魂使者には見られない特徴だった。そんな無常の性格を、やはり私は山魈の影響によって付与されたものと考えるのである。

ただし、山魈や無常のような、あの世とこの世を行き来する境界的存在には、前述のような両義的性格が構造的に宿りがちではあった。高岡弘幸はこの点について以下のように述べている。

たとえば、河童が秘伝の薬をもたらしたり、座敷ワラシが家を裕福にしたりしたように、日本では異界から「富」がもたらされるという信仰があった。私が調査した越中（現・富山県）は立山信仰が盛んで、それに関連した「天狗」が代表的な妖怪であったが、天狗は子どもを誘拐する「神隠し」の犯人とする伝説とともに、人びとに太鼓の打ち方、名物となった餅のつくり方などを教えたという伝説が残されている。これに対して、マチや都市では、幽霊が「お金」を与えてくれたのである。[28]

つまり、山村と都市という異なるコードで、〈富をもたらす異人〉という記号が前者は「妖怪」として、後者は「幽霊」として表出する、というのである。実は、高岡が指摘する前述の構造は、隠身帽伝承をめぐる山魈と無常の関係にもピタリと当てはまるものといえる。

というのも、山魈の隠身帽伝承が主に山村に伝わるのに対し、無常のそれは山村にも伝わりながら、しかし多くの場合は都市に伝わる傾向にあるからだ（都市という環境にサルに似たバケモノは出現しえなかったのだろう）。となれば、山魈と無常の〈富をもたらす異人〉としての類似性は、両者間の影響関係によってではなく、それぞれが属するコードでパラレルに生じたものとも考えられる。だが、この場合本当にそういえるだろうか。

前述のとおり、従来の勾魂使者には〈富をもたらす異人〉としての性格が希薄だった。そのために、新たな勾魂使者である無常になぜそのような性格が備わっているのかが問われることになった。そうした前提のもと、本節第1項では、山魈と無常（勾魂使者）が互いに混同され、影響し合う関係にあることを明らかにした。つまり、両者の関係はパラレルというにはほど遠く、むしろ頻繁に交わる関係にあったのである。

本項では、こうした手続きのうえに、無常の〈富をもたらす異人〉という来歴不明の性格が、山魈のそれに一致することを明らかにした。となれば、その不明だった来歴は、ひとまず山魈に求めるのが妥当ではないだろうか。そして、その妥当性は、両者のそのほかの類似点もあわせて吟味することで、より確かなものになるだろう。なぜなら、前項で指摘した身体の伸縮性のように、あるいは次項以降に指摘する諸要素のように、両者の共通項は構造的な類似にとどまらず、細部にわたって具体的に酷似しているからである。

二元性をめぐる類似

無常には、白無常／黒無常がいる。両者がペアになる場合、その性格は往々にして、「見吾生財（私に出会うと大儲け）」／「見吾死哉（私に出会うとあの世行き）」、「謝必安（感謝すれば必ず安泰）」／「范無救（罪を犯せば救いなし）」といったように、ポジ／ネガの二元的・対照的関係として解釈される。

では、無常のそうした特質の由来はどのように説明されるべきだろうか。私はここにも、山魈の影が見え隠れしていると考えるのである。

前項で指摘したとおり、無常が抱える「気まぐれな両義性」は山魈にも確認される特徴だった。例えば、以下のような伝承がそれを端的に示している。

運がいいと、山魈が財産をもたらし、運が悪い人は山魈に財産を持っていかれる。(29)

一方、山魈のこうした両義性は、以下のような形式――すなわち、二体一対の二元性として変奏される場合がある（筆者採集）。

山魈の名前を決して口に出してはならない。口に出してしまうとすぐにわるさをしにやってくるから。私の村〔屏南県の某村〕ではこれ〔手の親指と人差し指で輪を作り、中指・薬指・小指をピンと立てた「ＯＫ」のよ

写真3-6　酆都鬼城に祀られた無常一家（撮影日：2019年1月3日）

写真3-7　四川省汶川県某廟に祀られた無常一家（1917年撮影、Sidney D. Gamble Photographs Collection）
（出典：デューク大学図書館の「Sidney D. Gamble Photographs Collection」〔https://repository.duke.edu/dc/gamble/gamble_020B_0199〕［2023年2月14日アクセス］）

うなサイン」で山魈を表す。山魈にはオスとメスがいて、メスは穏やかだが、オスは凶暴である。(30)

つまりここでは、穏やかなメスに対して凶暴なオスという、雌雄の別による二元的関係が構成されている。ちなみに、山魈に雌雄の別があるとする言説は、古くは『太平広記』(31)巻四百二十八「斑子」（『広異記』を引く）ですでに確認されるものである。

山魈は、嶺南にいる。独脚で踵が反対側についていて、手足は三本指である。メスは白粉を塗るのを好む。大木の上に巣を作り、そのなかには木屏風や帳があり、食料も十分に備蓄してある。南方人で山に入る者は、白粉や銭などをたくさん携帯する。オスは山公といい、必ず金銭を要求する。メスは山姑といい、必ず白粉を要求する。それらを与えると庇護が得られる。

多田克己によれば、「山魈のように雌雄の違いが語られる妖怪は他にほとんどない」[32]という。しかし、実は無常にも「無常婆」や「無常嫂」というメス無常が付き添う場合がある。それらは無常の妻とされていて、また子連れでもあるのだが、山魈と無常のこうした一致ははたして偶然の産物なのだろうか（写真3―6、3―7）。

ところで、山魈の二元性は、雌雄の別とは異なるパターンとして、ほかのバケモノとともに構成される場合もあった。例えば、以下のように。

山魈はいい神で、悪い神は五通という。[33]

馬場はこうした伝承に基づき、「山魈と五通（巫通）が混用されているように、山魈と五通は同じものを指すことが多いが、温州地区の田貢村や呉坑村では、山魈と啞巴鬼・五通で善神と悪神の役割分担がなされているようである」[34]と指摘している。

つまり、バケモノとして同一カテゴリーに分類される山魈や五通や啞巴鬼は、基本的には同質的存在とされながら、ときに差異性が見いだされ、ポジ／ネガの二元的関係を構成する場合があるのだという。ちなみに、『閩《びん》都別記《とべっき》』〔福州の民間伝承や雑多な歴史故事で構成された清代の章回小説〕には、山魈と無常が「山のいいバケモノ」／「山の悪いバケモノ」という、ポジ／ネガの二元的関係を結んでいる事例が確認できるのである。[35]

前述の諸点をまとめると、以下のような結論が導かれるだろう。

まず、気まぐれな両義性をもつ山のバケモノたちは、その両義性をしばしば分裂させ、ポジ／ネガのペアになりがちだった。そして、（再三述べているとおり）「山のバケモノたち」と勾魂使者は混同され、影響し合う関係にあった。したがって、従来の勾魂使者にはなく、新たな勾魂使者の無常にはある二元（対照）性という特徴は、山魈（を代表とする山のバケモノたち）との化合によってもたらされた要素と見なすのが、さしあたり最も妥当な推論になる。

そのほかの類似

無常と山魈をめぐるそのほかの類似点について、いくつか補足したい。

前項で引用した『太平広記』「斑子」では、(先の引用箇所に続けて) 虎の襲撃を恐れた旅人が、山魈に貢ぎ物をし、山魈の庇護を得るという話が語られる。山魈は虎を手なずけていて、自由自在にコントロールできるのだという。

虎をめぐる類似

実は、これに類した記述は古典籍中にことのほか多く、山魈と虎の密接な関係はたびたび示唆されてきた。例えば、『酉陽雑俎』[36] 巻十五「諾皋記下」では、「巣を侵犯した者には、虎を使役して攻撃させたり、家に火をつけたりする。俗に『山魈』という」として、やはり虎をコントロールする山魈の特性が語られている。

では、そのうえで、本書の図2—11 (九三ページ) を見ていただきたい。当図は『玉歴鈔伝』に掲載されたもので、「金目当てで殺人した報い」を描いたものである。見てのとおり、無常 (白無常) が虎を使役し、人殺しにかみつかせている。

確かに、この資料のほかに無常と虎の関係を示唆したものがあるのかと問われると答えに窮してしまうのだが、ほかのあまたの類似点に鑑みて、この一致もやはり偶然の産物とは片付けられないように思うのである。

一本足をめぐる類似

本章冒頭に引いた『国語』魯語下の韋昭注にも記されているとおり、山魈は一本足だとしばしば伝承されてきた。残念ながら私は自身の調査でインフォーマントから直接そのような伝承を聞いた経験はないものの、雲南省をフィールドとする川野の調査報告をみれば、現代中国でなお山魈の一本足伝承が息づいていることを知ること

ができる。(37)

一方、無常の一本足伝承はというと、おそらく無常について詳しい者であればあるほど、「無常」と「一本足」の両要素は相いれないものと感じるのではないだろうか。現に、無常と山魈の類似に執拗にこだわる私でさえ、両者が一本足という点で結び付くとは想像さえしなかった。ところが、山東省で発見された片方の靴が脱げた特異な無常イメージをきっかけに、両者は急接近することになったのである。この問題について詳細は「無常珍道中A」(七一ページ)を参照されたい(ただし、この一本足をめぐるアナロジーは、単に両者の構造的類似を起因としたものである可能性が、とりわけ強く残る)。

本節の内容を端的に要約すれば、無常の誕生原理を、無常と山魈の類似性に着目して解明しようとするものだった、といえる。あらためてその論理展開をおさらいするならば、以下のようになるだろう。

①清代中期に勾魂使者の歴史に突如無常が誕生する。
②無常はそれまでの役人風の勾魂使者イメージとは大きく相違するまったく新しい勾魂使者だった。
③無常に伴う新たなイメージはいったいどこから、またなにゆえ生じたものだったのだろうか。
④本節では山魈というバケモノにその手がかりを求めた。
⑤無常がまとう来歴不明の諸要素が、山魈の特徴と多くの点で一致したからである。
⑥検証の結果、無常と山魈をめぐる数々の類似はやはり偶然の産物ではなかった。
⑦なぜなら両者は、前節で検討した[無常≒摸壁鬼]と同様に、〈勾魂〉という共通項を媒介として混交し影響し合う関係にあったからである。
⑧つまり無常とは、勾魂使者と山魈が化合することで生じたバケモノ的勾魂使者だった。

では、こうして浮き彫りになった無常のバケモノ的前史は、前章で検証したその後の過程――すなわち、神への変遷過程とどのように接続されるのだろうか。最後に残るこの問題は、本書の末尾に設けた結論部分であらためて整理し、私が考える無常の全史を提示したい。

注

(1)テキストは、『申報』(上海書店、一九八三年)を使用。
(2)テキストは、『夜航船』(文物出版社、二〇一四年)を使用。
(3)テキストは、『澆愁集』光緒四年申報館本を使用。
(4)姜理新氏によれば、当地では白無常のことを「白和尚」と呼ぶらしい。また、それに対応して、黒無常のことは「黒和尚」と呼ぶとのことである。
(5)張市港電視台制作の報道番組『城市方円』のことを指している。この映像は、姜理新氏から提供を受けた(放送日は不明)。
(6)前掲『鬼趣談義』を参照。
(7)原文の出典は、前掲『中国鬼話』七九ページ。
(8)テキストは、『国語』(「四部備要」史部、中華書局、一九八九年)を使用。
(9)中野美代子『中国の妖怪』(岩波新書)、岩波書店、一九八三年、一五七ページ
(10)原文の出典は、雷国強「浙江山魈伝説的新発見」(「中国民間文化」一九九三年第三期、上海民間文芸家協会)二一二ページ。
(11)前掲「山魈・五通・無常の伝説およびその他」、前掲「麗水・温州地区の怪」を参照。
(12)ただし川野明正は、「山魈は、山界という水平的な異界から人間世界(共同体内部)の財産の分配に干渉する存在であるが、これに対して、無常は地下冥界という垂直軸から人間世界にあらわれると指摘できる」(三二三ページ)と、両者の相違も指摘している(前掲『神像呪符「甲馬子」集成』)。確かに、川野が指摘するような相違を両者の間に見いだすことは可能であるものの、その相違が両者のアナロジー関係を阻害しうるのかというとそうではない、と

いうのが私の立場である。
(13) 原文の出典は、雷国強「宣平山区山魈信仰習俗考察」(「民間文芸季刊」一九九〇年第四期、民間文芸季刊編輯部)二一九ページ。
(14) 前掲「麗水・温州地区の怪」一九五ページ
(15) 採集地：福建省寧徳市福安市内、話者：徐峰・漢族、年齢：二十九、採集日：二〇一八年十二月十九日
(16) 採集地：福建省寧徳市福安市坂中郷和安村、話者：ZCM・畲族、年齢：六十五、採集日：二〇一八年十二月十九日
(17) 前掲「山魈・五通・無常の伝説およびその他」二〇九ページ
(18) 原文の出典は、葉鏡銘「鬼話」(「民間月刊」第二巻第五号、中国民俗学会、一九三四年)七七ページ(再録：婁子匡主編『国立北京大学中国民俗学界 民俗叢書』第二十輯、東方文化書局、一九七〇年)。
(19) 伊藤龍平『何かが後をついてくる――妖怪と身体感覚』青弓社、二〇一八年、一四五―一四六ページ
(20) 原文の出典は、林美容／李家愷『魔神仔的人類学想像』(五南図書出版股份有限公司、二〇一四年)一〇ページ。
(21) テキストは、『酔茶志怪』(「清代筆記小説叢刊」、斉魯書社、一九八八年)を使用。
(22) テキストは、『越諺』(婁子匡編『国立北京大学中国民俗学界 民俗叢書』〔第四輯〕所収、東方文化書局、一九七二年)を使用。
(23) 原文の出典は、前掲「鬼話」七八―七九ページ。
(24) 前掲「山魈・五通・無常の伝説およびその他」二〇九ページ
(25) 原文の出典は、顧希佳「山魈故事的追踪研究――以浙江為例」(中国社会科学院「民族文学」研究編集部編「民族文学研究」二〇〇五年第一期、中国社会科学院)四五ページ。
(26) W・エバーハルト『古代中国の地方文化――華南・華東』白鳥芳郎監訳、君島久子／長谷部加寿子／喜田幹生／加治明／蒲原大作訳、六興出版、一九八七年、六四ページ
(27) テキストは、『夷堅志』(中華書局、一九八一年)を使用。
(28) 髙岡弘幸『幽霊――近世都市が生み出した化物』(歴史文化ライブラリー)、吉川弘文館、二〇一六年、一七一ペー

ジ
(29) 前掲「山魈・五通・無常の伝説およびその他」二〇七ページ
(30) 採集地：福州都城隍廟、話者：HXC・漢族、年齢：六十代、採集日：二〇一八年十一月三日
(31) テキストは、『太平広記』(中華書局、一九六一年)を使用。
(32) 京極夏彦文、多田克己編・解説『妖怪図巻』国書刊行会、二〇〇〇年、一六三ページ
(33) 前掲「山魈・五通・無常の伝説およびその他」二〇七ページ
(34) 同論文二〇七ページ
(35) 詳しくは、拙稿「無常鬼の研究――〈精怪〉から〈神〉への軌跡」(東北大学博士学位論文〔甲第二〇四六六〕。東北大学機関リポジトリで二〇二二年六月に公開)を参照。
(36) テキストは、『酉陽雑俎』(中華書局、一九八一年)を使用。
(37) 川野明正『中国の〈憑きもの〉――華南地方の蠱毒と呪術的伝承』(風響社、二〇〇五年)を参照。

無常珍道中E

地獄の美熟女＠山東省菏沢市鄄城県信義村・信義大廟（二〇一九年十一月二十一日）

二〇一九年十一月二十一日、廈門駅から列車に揺られること約二十一時間、菏沢駅に到着。お目当ては、あの毛沢東紀念館が併設された信義大廟のお祭り（廟会）です。事前に、ネット上にアップされていた廟会の様子をチェックしていたのですが、そのまあ魅力的なこと！

写真E-1　カラーヒヨコちゃん（撮影日：2019年11月21日）

まるで大昔からタイムスリップしてきたかのような村人たちの顔や服装、怪しげな算命先生の群れ、会場全体に鳴り響く豫劇の歌声と演奏、そしてなにより吉大哥の祭祀をめぐるイレギュラーな動きがそこには記録されていました（普段は室内で祀られているはずの吉大哥が屋外に担ぎ出されていたのです）。

一刻も早くこの混沌とした祝祭空間に身を投じたい、はやる気持ちを抑えながらバスに乗り込み、信義村へと向かいました。約一年ぶりの再訪です。

村に着くと（というか、村に着くだいぶ前から）出店《でみせ》が所狭しと立ち並んでいました。綿飴、おめん、食べたら絶対に下痢になるだろうおいしそうなジャンクフード、そんな日本でもおなじみのお祭りアイテムから、カラーヒヨコちゃん（写真E―1）・ウサギの解体ショー（毛皮販売）、頭蓋骨付きの狗肉（写真E―2）、白衣を着た人が配っている謎の汁、各種哺乳類が景品の輪投げ、農機具……などで村のなかは混沌としています（ヒヨコちゃんたちには申し訳ないけれど、なんだか気分がウキウキしてきます）。

写真 E-2　狗肉屋さん（撮影日：2019年11月21日）

ごった返す参詣客の流れに身を任せ、一人多幸感に浸たっていると、突然、群衆の足下をかき分けながら芋虫のように前進する四肢の欠損した男が現れました。「お恵みを～」と悲壮な声をあげていますが、祭りの空気に浮かれた人々がばんばん喜捨するので、物乞いの表情にもどことなく余裕が感じられます（疲れてくると、彼は「演技」をやめて、ウサギ売りのおっさんと談笑したりしていました）。

この物乞いは確実に空間の祝祭性を高めていました。むしろ彼がいないお祭りなんて成立するのだろうか、そんな気持ちにさえなったところで、ふと、近年の北京の廟会の惨状（厳格な管理体制による過度な漂白化、面白みゼロ状態）が思い起こされたりしました。それに比べてここにはお祭り本来の姿がある、お祭りはやっぱこうじゃなくっちゃ、と心の底から思ったのでした。

しかし、そんな最後の楽園にも悪魔の紅い影は着実に忍び寄っていたのです。会場に鳴り響いているはずの豫劇の音が、まったく聞こえてきません。

「豫劇はどこで上演しているんですか？」。参詣客の一人に尋ねてみます。すると驚きの答えが返ってきました。「豫劇？　今年はないよ。政府から通達があってね、やっちゃダメだってさ。それに焼香も禁止されちゃった」。よく見ると廟の入り口も南京錠で封鎖されています。先ほどまでの多幸感が雲散霧消、一転して怒りがフツフツと湧いてきました。

しかし、「お上に政策あれば、下々に対策あり」とはよくいったもので、村人たちは外壁を破壊し、廟の敷地内に侵入しまくっています。彼らのあとに続き、なかに足を踏み入れてみました。

すると、そこで再び驚きの光景が。あの愉快な毛沢東紀念館が鉄の板で封鎖され、看板まで撤去されていたのです。薄ら寒い恐怖を覚えました。当然そんな状況なので、期待していた吉大哥の屋外祭祀も見ることができませんでした。

「文革かよ……」。あまりの脱力感にすぐにでもこの場から立ち去りたい気持ちに駆られましたが、ここは弾圧される庶民の姿もしっかり記録しておかなければと、廟内（の草むらゾーン）でしたたかに活動する算命先生の群れ（といいたくなるほどの人数）を撮影することにしました。

道袍に身を包んだ者（写真E—3）もいれば、女性や盲人の占い集団もいて、それぞれ思い思いの方法で算命しています。彼らの姿を見られるのもあとどれくらいだろうか、シャッターを切るたびに切なさが募りました（この村自体が再開発の対象になっているという噂もチラホラ……）。と、そのとき、耳元で（まるで私のポッカリと空いた心の穴を優しく埋めてくれるかのような）甘い声がささやきました。

写真 E-3　道袍に身を包んだ算命先生（撮影日：2019年11月21日）

「ボク、何してるの？」。振り向くと、そこにはスレンダーな美熟女が立っていました。都会的なファッションに身を包み、まるで教科書のような普通話を話します。この人ならわかってくれる、なぜかそう直感した私は、目にしたばかりの惨状を美熟女に向かって滔々と語り、同意を求め、ともに怒り悲しんでくれることを切に願いました。

「うんうん、わかるわ、その気持ち、あなた、とっても心の優しい人」。思ったとおりです、美熟女は大海原のような包容力で私を包み込んでくれます。「でも、そんなに怒っちゃダメ」。美熟女はそう言うと私の手を握りしめました。「目を閉じて、拝んで、そうそう、じゃあ息を三回吐いてみて、上手よ」。まるで操り人形のように指示に従う私。「目を開けてみて」。言われたとおりソッと目を開きます。すると美熟女が鬼の形相で私を睨みつけていました。

「ちょっとアンタ！　アンタやっちゃいけないことしたよね？　数日前に

写真E-4　まだまだ出てくる吉大哥（撮影日：2019年11月21日）

やっちゃいけないこととしたよ！　蛇、殺したね」と大声でがなり立てられました。勝手なことを延々、さんざん言われました。優しかったあの人は、もうそこにはいませんでした。気がつくとヘンテコなお守りを買わされていました（百元なり）。お金を受け取った美熟女は煙のようにどこかに消えていきました。その一部始終をひそかに見ていた算命先生どもがハイエナのように群がってきました。金をせびられました。逃げました。泣きました。

いいかげんなもので、〈政府の弾圧にも屈せず尊い信仰心をもち続けるか弱い庶民の神聖な空間〉が、ものの数分で〈迷信によって社会に害悪をまき散らす地獄の掃きだめ〉に見えてきました、というのは半分冗談にしても、自身の反権力思想があまりにナイーブだったことを反省したのは事実です。

政府が主導する「文化破壊」は、（やり方に問題はあるにせよ）角度を変えてみれば「文明化」の側面が確かにあり、彼らなりの正義に基づく行為だということが理解できてしまったからです（悪者の気持ちがわかったというか、悪者も一概に「悪」とはいえない部分があるんだな、逆もしかり、みたいな感じでしょうか。あまりに古典的で恥ずかしいですが……）。いずれにせよ、ことは私の想像以上に複雑であり、浅薄なべき論で無駄に感情を高ぶらせるのはやめにしようと思うに至ったのでした。

というわけで、怒りや悲しみから解放されて悟りの境地に達した私は、自身ができること、つまり「吉大哥」

人救出活動」に粛々と取り組むことにしました。今回は、街の仏具屋さんに足を運び、（前回のそれとはややデザインが異なる）吉大哥の神像を購入したり、仏具屋さんのおばさんから得た情報を頼りに新たな吉大哥廟を開拓したりしました（写真E—4）。その過程で、調査に協力してくれるという奇特な人物とも知り合うことができました。近々、再々訪の予定です。

結論　つまるところ無常とは

中国で最も有名な神にして鬼の一つである無常は、その知名度の高さとは裏腹に、いつ、どこで、どのような背景のもと誕生し、どのような変遷を経て現在まで伝わったのか——その歴史がほとんど注目されずにきた。

本書は、そんな民俗学的空白(?)を補塡すべく、関連する文献資料やフィールドワークの成果を総動員して「無常の歴史」の復元に努めた。では、結果的に、どのような変遷史が描かれることになったのか。以下、大まかな流れを図示した図4—1を参照しながら、その全史を提示する。

まず注目すべきは、当図の上部に描かれた勾魂使者の軸線である。再三指摘したとおり、およそ六朝時代から、臨終の際にはあの世から勾魂使者が亡魂を捕らえに訪れると語られてきた。一般に勾魂使者の姿は、赤や黄の服を着た役人風とされ、そのイメージは現在まで連綿と受け継がれている。

ただし、清代中期以降むしろ主流になったのは、無常と呼ばれる勾魂使者のイメージだった。無常は前述の地味で没個性的な勾魂使者とは異なり、高帽子をかぶっていたり、長い舌を吐き出していたり、畏怖すべき対象かと思いきや人情味があったり、ノッポだったりチビだったり……と奇っ怪で強烈な個性を放っていた。では、勾魂使者イメージのこうした一大変革は、どのようにして生じたものだったのか。

ここで注目すべきは、図4—1の下部に描いた山魈の軸線である。山魈は古くから伝わるサル型のバケモノだが、私はこの山魈が、勾魂使者のイメージに大きな影響を与えたのではないか、と考えた。その理屈を簡潔に振り返るならば以下のようになる。

図4—1にも記すとおり、山魈にはいくつかの特性があった。例えば、山魈は気まぐれに富を贈与し、収奪し

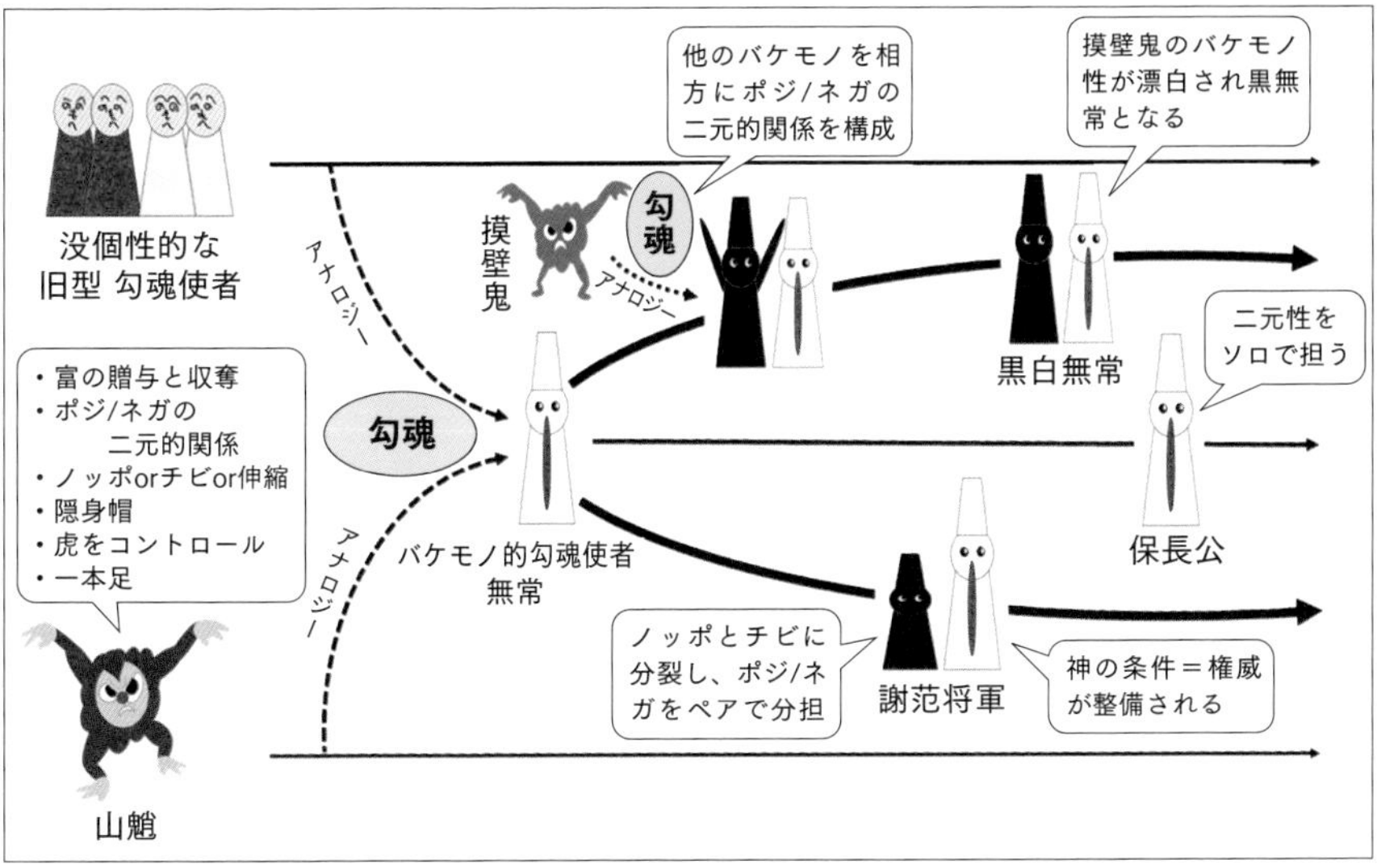

図4-1　無常の誕生背景と変遷過程（筆者作成）

た。そのため、人々にとって山魈は、歓迎すべき対象でありながら畏怖の対象でもある両義的な存在だった。また、その両義性は、しばしば雌雄の別で分担されたり、ほかのバケモノと分担されたりした。

そのほかの特徴としては、体軀が長大だったり、短小だったり、伸縮自在だったり、あるいはかぶれば透明になれる隠身帽を携帯していたり、虎を使役したり、一本足だったりした。驚くべきことに、山魈が内包するこれらの諸要素は、ことごとく無常にも当てはまるものだった。しかし、その一致は偶然の産物ではなかった。

ここで重要な論点になったのが、無常や山魈、あるいはそのほかのバケモノたちの間に確認されるアナロジーという力学だった。

図4―2を参照されたい。近代以降に生きる私たちは、往々にして言葉（名）と物（実）の一対一対応を前提とした差異のシステムで世界を分類する傾向にある（図4―2〔左〕）。

しかし、そのような差異のシステムによって無常や山魈を眺めていてはいっこうに正確な認知を得ることはできない。なぜなら、無常や山魈を語る主体は、それらの対象を図4―2〔右〕のようにベン図的重複のもとに捉えているからだ。

こうした認識のもとでは、物と物の境界面が液状化していて、

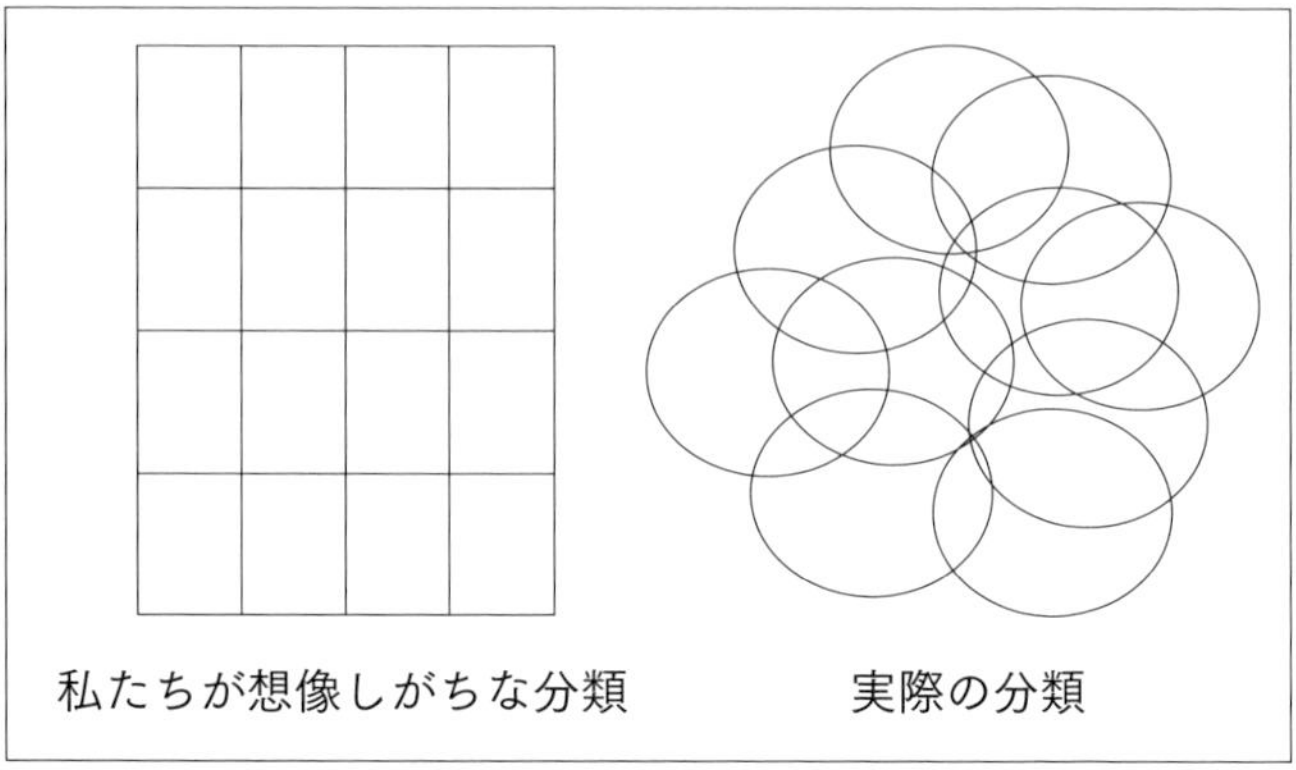

図4-2　バケモノの分類様式（筆者作成）

Aと名指された物とBと名指された物が必ずしもきれいに分離しているとはかぎらない。ときにAとBは混同され、知らぬ間にAの特徴がBに、Bの特徴がAに転移していたりする。むろん、似ても似つかない物同士の境界面が液状化することはなく、やはりある類似点をもとにそれらは混交するのであった。

つまり、勾魂使者と山魈は前述のようなアナロジー認識のもと、ある類似点を媒介にしてベン図的に重複する関係にあった。その類似点とは、広義の〈勾魂〉である。すなわち、山魈が山中で人の魂（＝意識）を惑わすことと、勾魂使者が亡魂を捉えて冥界へ連行することが、ゆるやかに同一視されたのだ。なかなか実感しがたいかもしれないが、その論拠は、無常が鬼打牆を連想させ、鬼打牆が山魈と同一視され、山魈（魔神仔）が勾魂使者（無常）と呼ばれた事例のとおりである。

こうした点から、無常というのは勾魂使者と山魈が混交することで生成した化合物的存在だと考えられた。そのために、無常は勾魂使者でありながら、山魈というバケモノの特徴を内包することになったのである（以下、無常をバケモノ的勾魂使者と呼びたい）。

さて、このような経緯のもとに誕生した無常だったが、その誕生の現場はどのように特定されるだろうか。少なくとも候補地になるのは、山魈伝承が伝わる長江以南の地域である。しかし、管見のかぎり無常が人々に富を贈与したり収奪したりする伝承はほぼ浙江で採集されているため、まさに浙江近辺がその震源地ではないかと考えられる。

おそらく浙江の山村で誕生した無常伝承が、浙江の都市部や隣接する福建・江蘇に伝わり、さらに各地に伝播した。その後、伝播の支流ごとに、無常イメージをめぐる独自の変化が生じたと考えるべきだろう。少なくとも本書ではそのうちの三つの支流を扱うことになった。以下、順に振り返る。

一つは、図4―1の（三つ叉の）真ん中の支流、すなわち「バケモノ的勾魂使者」を限りなく原初的形態に近い状態（[○]）で保持しつづけているパターンである（例えば、馬巷の保長公がそれに該当する）。あの世とこの世を行き来する恐ろしい鬼でありながら、富をもたらす福の神でもあるために崇拝の対象になり、各地にその祠《ほこら》が建てられていったのだろう。再三指摘しているとおり、それは霊験だけで支持される（権威いらずの）最も素朴な形態といえる。

ただし、勾魂使者としての性質上、無常はもとより冥界の官僚組織と親和性が高かった。おそらくその霊験が評判を呼ぶなかで、城隍廟に吸収されるということが起きたのだろう。そして、そんな動向に伴い、素朴な形態としての［○］にも変化が生じることになった。これが図4―1の（三つ叉の）最上部の支流――すなわち、現在最も標準的なイメージとして通用する［○●］が生じたパターンである。その生成過程をまとめると以下のようになる。

まず、浙江の山地で生成したバケモノ的勾魂使者としての無常（[○]）が、江蘇南部～浙江北部一帯に伝わる。その後、冥界の官僚組織に吸収され、城隍廟に祀られる。それに伴い、無常は（対照的な性格をもつ）相方の存在を欲しはじめる。城隍廟の二元論的空間がその直接的な因子になったのだろう。しかし、それと同時に、ポジ／ネガの二元的関係を好む山魈の遺伝子がうずいた可能性が考慮されなければならない。なぜなら、城隍廟に祀られるほかの下級鬼卒たち――牛頭馬面や枷爺鎖爺などは、二体一対のペアでありながら、必ずしもポジ／ネガの二元的関係とはなっていないからである。

結局、無常は摸壁鬼という相方を選ぶことになる。摸壁鬼とは、江蘇南部～浙江北部を中心に伝承される長い腕で道行く人の身動きを封じたり、その魂を奪ったりするバケモノだった。摸壁鬼が相方として選ばれた理由はもはやいうまでもない。山魈と勾魂使者が〈勾魂〉を媒介としてアナロジカルに結び付いた先の事例と同種の引力が、ここでも生じたのである。

このようにして、冥界の官僚組織に組み込まれつつあった無常と摸壁鬼のペアは、神への階梯を徐々に上昇しはじめていた。まもなく摸壁鬼の両腕は短くなり、その名も「黒無常」へと変化した。それに伴い、無常も「白無常」と呼ばれるようになった。こうして、バケモノ性を漂白させながら、現在の黒白無常（[○●]）が形成されていったのである。

では、最後に図4―1の（三つ叉の）最下部に描かれた支流について簡潔に振り返る。これは、ノッポとチビがペアになる福建系無常が生じたパターンである。

まず、浙江の山地で生成したバケモノ的勾魂使者としての無常（[○]）が福建に伝わる。ここでも先の事例と同様に、無常は相方の存在を欲する。しかし、先の事例では、摸壁鬼という外部のバケモノが相方として求められたのに対し、ここでは（山魈の遺伝子がまた別の仕方でうずいて）身体的にも性格的にも[○]がそれぞれ二つに分裂するようにして、長軀でポジに傾いた白無常と、短軀でネガに傾いた黒無常が誕生したと考えられる。

こうした動向が、城隍廟（＝神々の官僚機構）に収容される以前、はたまた以降に生じたものなのかは定かでないが、福建系無常も先の事例と同様に神化の道をたどることになる。

ところで、福建系無常は、そのほかの地域の無常に較べ、飛び抜けて神化が促進しているケースと見なすことができた。なぜなら、福建系無常には、ほかの無常にはない成神譚（謝范伝承）が付与されていたからである。成神譚というのは、漢民族の神に不可欠な権威を醸成する要素であり、その有無によって神化の進行程度が測定できるのだ。渡邊欣雄は、謝范将軍（福建系無常）を「鬼に類する底辺の神」と評したが、前述の観点に基づけば、より高位の神として位《くらい》していると見なすこともできるのだった。

ちなみに、福建系無常のなかでも、とりわけ東南アジアの無常が、最も神化が進行した事例といえた。本書では、その様態を観察しながら、神化の原理についても少しく考察した。

その結果、無常が神の階梯を上昇するには、[○●]（権威的形態）だけでは不十分であり、[○]（霊験的形態）

との相互作用が不可欠であることが明らかになった（廟の公式見解では［○●］として表現されながら、実際に霊験あらたかとして人々に慕われていたのは［○］だったのだ）。［○］とは、バケモノ的勾魂使者たる無常の最も素朴な形態であり、その霊験とは、気まぐれに富を与え奪う山魈の魔力に淵源するものだったことをここに想起すべきである。

以上が、本書を通じて描き出された無常の全史となる。

引用・参照文献

本書で直接言及した文献だけを列挙する。史・資料の類いは省略し、日本語文献は著者名の五十音順、中国語文献は著者名のピンイン順、英語文献は著者名のアルファベット順、ウェブサイトは順不同。

［日本語文献］

伊藤龍平『何かが後をついてくる――妖怪と身体感覚』青弓社、二〇一八年

W・エバーハルト『古代中国の地方文化――華南・華東』白鳥芳郎監訳、君島久子／長谷部加寿子／喜田幹生／加治明／蒲原大作訳、六興出版、一九八七年

大谷亨「清末の巨人と小人へのまなざし――新聞・画報の見世物記事を主な資料として」、中国人文学会編「饕餮」第二十二号、中国人文学会、二〇一四年

大谷亨「無常のすみか――中国の「地獄廟」を巡って」「火輪」第四十一号、「火輪」発行の会、二〇二〇年

大谷亨「無常鬼表象の変遷――『玉歴鈔伝』の各種版本を手がかりとして」「国際文化研究（オンライン版）」第二十八号、東北大学大学院国際文化研究科、二〇二二年

大谷亨「無常鬼の研究――〈精怪〉から〈神〉への軌跡」東北大学博士学位論文（甲第二〇四六六）、二〇二二年

加治敏之「善書と道教」、野口鐵郎／奈良行博／松本浩一編『道教と中国社会』（講座道教）所収、雄山閣出版、二〇〇一年

カルロ・ギンズブルグ『闇の歴史――サバトの解読』竹山博英訳、せりか書房、一九九二年

川崎ミチコ「『玉歴鈔伝』について（一）――『玉歴鈔伝』紹介」「東洋学研究」第四十一号、東洋大学東洋学研究所、二〇〇四年

川野明正『神像呪符「甲馬子」集成――中国雲南省漢族・白族民間信仰誌』東方出版、二〇〇五年

川野明正『中国の〈憑きもの〉――華南地方の蠱毒と呪術的伝承』風響社、二〇〇五年

京極夏彦文、多田克己編・解説『妖怪図巻』国書刊行会、二〇〇〇年

窪徳忠『道教の神々』平河出版社、一九八六年

酒井忠夫「太山信仰の研究」、大塚史学会編「史潮」第七巻第二号、大塚史学会、一九三七年

酒井忠夫『増補 中国善書の研究』（「酒井忠夫著作集」第一巻）、上、国書刊行会、一九九九年

澤田瑞穂『修訂 地獄変――中国の冥界説』平河出版社、一九九一年

澤田瑞穂『鬼趣談義――中国幽鬼の世界』（中公文庫）、中央公論社、一九九八年

志賀市子『〈神〉と〈鬼〉の間――中国東南部における無縁死者の埋葬と祭祀』風響社、二〇一二年

杉井純一「陰の呪力とコスモロジー――シンガポール華人社会の大爺伯信仰」、駒澤大学総合教育研究部文化学部門編「駒澤大学文化」第十八

号、駒沢大学文化学教室、一九九八年
相田洋『中国妖怪・鬼神図譜——清末の絵入雑誌『点石斎画報』で読む庶民の信仰と俗習』集広舎、二〇一五年
髙岡弘幸『幽霊——近世都市が生み出した化物』（歴史文化ライブラリー）、吉川弘文館、二〇一六年
武田雅哉「ゾウを想え——清末人の〈世界図鑑〉を読むために」、中野美代子／武田雅哉編訳『世紀末中国のかわら版——絵入新聞『点石斎画報』の世界』（中公文庫）所収、中央公論新社、一九九九年
中沢新一『人類最古の哲学』（講談社選書メチエ、カイエ・ソバージュ）、講談社、二〇〇二年
中野美代子『中国の妖怪』（岩波新書）、岩波書店、一九八三年
永尾龍造『支那民俗誌』第二巻、東方文化書局、一九七一年
馬場英子「山魈・五通・無常の伝説およびその他——温州・寧波地区を中心に」、福田アジオ編『中国浙江の民俗文化——環東シナ海（東海）農耕文化の民俗学的研究』文部省科学研究費補助金〈国際学術研究〉研究成果報告書所収、国立歴史民俗博物館、一九九五年
馬場英子「麗水・温州地区の怪——山魈・五通・無常の伝説およびその他」、福田アジオ編『中国浙南の民俗文化——環東シナ海（東海）農耕文化の民俗学的研究』文部省科学研究費補助金〈国際学術研究〉研究成果報告書所収、発行：福田アジオ、一九九九年
濱島敦俊『総管信仰——近世江南農村社会と民間宗教』研文出版、二〇〇一年
前野直彬『中国小説史考』秋山書店、一九七五年
三尾裕子「賭事と「神々」——台湾漢人の民間信仰における霊的存在の動態」、田辺繁治編著『アジアにおける宗教の再生——宗教的経験のポリティクス』所収、京都大学学術出版会、一九九五年
吉岡義豊「中国民間の地獄十王信仰について」、川崎大師教学研究所編『仏教文化論集』第一輯、大本山川崎大師平間寺、一九七五年
李献璋『媽祖信仰の研究』泰山文物社、一九七九年
渡邊欣雄『漢民族の宗教——社会人類学的研究』第一書房、一九九一年

［中国語文献］
曹珊珊「民間信仰与地方社会——以山東鄄城信義大廟為中心的調査研究」山東大学修士学位論文、二〇一〇年
陳威伯／施静宜「七爺八爺成神故事研究」「稲江学報」第三巻一期、稲江科技暨管理学院、二〇〇八年
顧希佳「山魈故事的追踪研究——以浙江為例」「民族文学研究」二〇〇五年第一期、中国社会科学院
雷国強「宣平山区山魈信仰習俗考察」「民間文芸季刊」一九九〇年第四期、民間文芸季刊編輯部
雷国強「浙江山魈伝説的新発見」「中国民間文化」一九九三年第三期、上海民間文芸家協会
林進源『台湾民間信仰神明大図鑑』進源書局、二〇〇五年
林美容／李家愷『魔神仔的人類学想像』五南図書出版股份有限公司、二〇一四年

文彦生選編『中国鬼話』上・下、上海文芸出版社、一九九一年（日本語版：文彦生編『鬼の話 新装版』上・下、鈴木博訳、青土社、二〇二〇年）
葉鏡銘「鬼話」「民間月刊」第二巻第五号、中国民俗学会、一九三四年（再録：婁子匡主編『国立北京大学中国民俗学界 民俗叢書』第二十輯、東方文化書局、一九七〇年）

[英語文献]

David K. Jordan, *Gods, Ghosts and Ancestors: Folk Religion in a Taiwanese Village*, University of California Press, 1973（中国語版：焦大衛『神・鬼・祖先――一個台湾郷村的民間信仰』丁仁傑訳、聯経出版、二〇一二年）
Arthur P. Wolf, "Gods, Ghosts and Ancestors," in Arthur P. Wolf ed., *Religion and Ritual in Chinese Society.* Stanford University Press, 1974（中国語版：武雅士「神、鬼和祖先」彭沢安／邵鉄峰訳『中国社会中的宗教与儀式』所収、江蘇人民出版社、二〇一四年）

[ウェブサイト]（閲覧日はいずれも二〇二三年二月十四日）

「金門浯島城隍廟」「台湾大百科全書」（http://nrch.culture.tw/twpedia.aspx?id=4326）
「『迎城隍文化専題』之九顔柳督察使信仰浯島延伝増添金門迎城隍色彩」「金門日報」二〇一三年五月十七日（https://www.kmdn.gov.tw/1117/1271/1272/224022/）
「重慶一奇石：刻〝微縮〟豊都鬼城」「中国新聞網」二〇〇九年十一月二十三日（http://www.chinanews.com/cul/news/2009/11-23/1977990.shtml）
「Scientific American Supplement, No.255」「Hathi Trust Digital Library」（https://babel.hathitrust.org/cgi/pt?id=pst.000018628104&view=1up&seq=758）
「Family Group Statues」「Sidney D. Gamble Photographs Collection」（https://repository.duke.edu/dc/gamble/gamble_020B_0199）
「City God Man Attendant」「Sidney D. Gamble Photographs Collection」（https://repository.duke.edu/dc/gamble/gamble_066A_362）

あとがき——再び、なぜ無常なのか

なぜ、無常なのか。

「ビビビッと来たから」と、「まえがき」では述べた。その人を食った物言いにあきれ、そこで読むのをやめてしまった人も、もしかしたらいたかもしれない。しかし、それが私の紛れもない本音であり、また、そんな本音をまるっと開陳することこそ、こと「中国」という研究対象を扱ううえでは、逆にクリティカルではないかと判断した。

なぜなら、中国には無常をはじめ摩訶不思議なもの(例の、ウルトラマンの卵)がいたるところに転がっている、にもかかわらず、私たちはそれらをうまく語るどころか、目ざとく見つけることさえままならないでいる、それってやっぱガチガチに力んじゃっているからじゃないの?頭でっかちになっているからじゃないの?と思うからである(向き合う人を必要以上にシリアスにするのが中国の特徴の一つ、という印象を私はもっている)。

だからといって、おふざけを推奨したいわけではない。そのことは「まえがき」にもハッキリと書いたし、本書を一読すれば理解いただけるはずである。そうではなく、私が本書を通じて伝えたかったのは、「素朴な好奇心を携えて中国を歩こう」の一点に尽きるといえる。これさえ実践できれば、必ずやビビビッとくるウルトラマンの卵が見つかるだろうし、それを辛抱強く温め続ければ、どんなしかつめらしいテーマにも負けない有意義な中国研究の成果が孵化することを、ここに保証したいのである。

中国学を専攻したはいいものの、どうも興味をもてないでいる学生諸君、あるいは、中国に駐在し、なおかつ民俗学なんかに興味がある駐在員の方々に、とりわけそのことが伝わればいいなと勝手な期待を抱いている。むろん、この不遜なメッセージが説得力をもつためには、なによりも本書の内容がその有意義な中国研究とやらになっているのか、そこが肝心要の問題になるのではあるが……。

というわけで、大いなる蛇足になるのを覚悟のうえ、素朴な好奇心から出発したわが無常研究が、最終的にどんなちゃんとした成果に結実したのか、私が想定しうる限りの学術的な（?）社会的な（?）意義を提示し、本書を締めくくる。

再三述べているとおり、読者が本書をどのように読むのかはまったくの自由である。だが、私個人が本書に一つレッテルを貼るならば、ズバリ「中国妖怪学の書」となる。

本書は、私の博士論文「無常鬼の研究――〈精怪〉から〈神〉への軌跡」をリライトしたものだが、まさに拙博論は、中国妖怪学の具体的な実践として（あるいは、そうした宣言のもとで）取り組んだ論文だった。

前提から話そう。そもそも、中国（学）には「妖怪学」のような学問分野が確立されていない。無常のようなメジャーな妖怪が十分に語られずにいるのが、そのなによりの証左といえる。仮に、日本に無常のようなものがいたとしたら、と想像してみてほしい。とっくにあまたの妖怪マニアたちに骨の髄まで論じ尽くされ、私なんぞが私見を述べる余地など微塵も残されていなかったはずである。

つまり、中国は豊かな妖怪文化を擁するにもかかわらず、それを可視化する作業が十分になされていないのだ。角度を変えて評せば、現状の中国文化論は、「妖怪」というピースが欠けた状態で構築されている、ということにほかならない。これがどれほど由々しき事態なのかは、「妖怪」を自身のアイデンティティとしてかなり大きめに見積もる日本人ならば、よく理解できるのではないだろうか。

少なくとも私は前述の理由から、中国妖怪学の確立が急がれるべきと考えている。では、そのためには、何がなされなければならないのか。おそらくいま最も必要とされているのは、「妖怪」によって従来の中国文化論が更新可能であることを具体的に示すことだろう。つまり、既存のなんらかの学術史にひとまず依拠しながら、その文脈を「妖怪」によって批判し一歩前進させなければならないのである。

こうした観点のもと、私が注目するのが、本書でもたびたび援用した渡邊欣雄・三尾裕子・志賀市子……など諸人類学者による「鬼から神へ」と題すべき一群の研究成果である。これらの研究は、デイヴィッド・ジョーダンが提起した「神《ゴッド》・鬼《ゴースト》・祖先《アンセスター》」の分析枠組み（すなわち、漢民族の宗教的宇宙が神・鬼・祖先の三位から成り立つという見立て）[1]を継承しながら、新たに、鬼が神に変容する事例に注目し、前述三位の関係性が（実は、静的ではなく）動的であることを指摘するものであった。

その成果は、儒仏道三教の枠組みでは捉えきれない民間信仰（一般大衆の、一般大衆による、一般大衆のための信仰）の一面に光を当てるきわめて重要なものだったといえる。しかし、そこには課題も残されていた。特に、ここで論点とすべきは、鬼の定義をめぐる問題である。

というのも、ジョーダンの系譜に連なる前述諸研究では、「鬼＝孤魂野鬼」という等式が前提とされ、そのために「鬼から神へ」というテーマでも、もっぱら孤魂野鬼が神に変容する事例が考察されてきた。孤魂野鬼とは、本書でも解説したとおり、横死者や無縁死者の亡魂のことであり、すなわち人間の霊魂を指している。だが元来、「鬼《グイ》」とは、人間の霊魂にとどまらず、人間以外の――例えば、動物や植物など人ならざる存在の霊魂をも内包する、より広範な概念なのだった。

つまり、ジョーダン以来の人類学者が取り組んできた鬼の研究とは、いってみれば「人を由来とする鬼」の研究であり、「人を由来としない鬼」は一貫して等閑視され続けてきたのである。

このような状況を、あえて通りがいい日本語語彙で表現するならば――「幽霊」の研究は盛んに取り組まれながら、「妖怪」の研究はほとんど手つかずであり、したがって中国文化（ここでは特に、漢民族の宗教的宇宙）における「妖怪」の位置づけが十分に理論化されずにきた、といえるだろう[2]。

ここまで述べれば、本書の学術的意義はかなり鮮明化したのではないだろうか。

なぜなら、本書最大の成果は、無常という神が山魈や摸壁鬼といった「人を由来としない鬼」＝「妖怪」の影響下で形成されたことを指摘した点にあったからである（議論の過程では、あえて「妖怪」ではなく「バケモノ」という語彙を使用し、また拙博論では「精怪」という語彙を使用しているが、すべて同義である）。言い換えれば、無常の変遷史を復元しながら、従来の「鬼から神へ」ではなく、「妖怪から神へ」という新たな神誕生のプロセスを報告したのだった。

つまり本書によって、漢民族の民間信仰では、孤魂野鬼だけでなく、「妖怪」もまた神の供給源として機能している可能性が指摘できたといえる。現時点では推論の域を出ないものの、現在中国で親しまれるそのほかの神々のなかにも、実は人の皮をかぶった「妖怪」由来の存在が少なからず紛れ込んでいるのではないか、と私などは予想するのである。

引き続き無常以外の事例にも手を広げながら、漢民族にとって「妖怪」とは何かを探っていきたい。おそらくその試みは、中国文化論を一歩前進させるだけでなく、周辺諸国の文化論を鍛え直すことにもつながるはずである。例えば、仮に「実は漢民族も万物に霊性を見いだすかなりアニミズムな人々だった！」などという話になれば、（俗流・本流ひっくるめて）既存の日本文化論には大きな緊張が走ることになるのではないだろうか――。

さて、前述のとおり本書の土台になったのは、二〇二一年冬に東北大学に提出した博士論文「無常鬼の研究――〈精怪〉から〈神〉への軌跡」である（各章の間に挿入した「無常珍道中」は、日野杉匡大氏のご提案のもと執筆し、「火輪」第四十一号に寄せた紀行文「無常のすみか――中国の「地獄廟」を巡って」を加筆・修正したものである）。

拙博論に関する謝辞は、すでに博論内で述べているためこの場では最小限にとどめるが、まずは指導教官の立場からご指導・ご鞭撻をいただいた勝山稔先生・鄭振満先生、そして拙博論の審査で副査をご担当いただき、有益なご批判・ご助言の数々を頂戴した佐野正人先生・妙木忍先生・川野明正先生、さらには私の無常調査に快くご協力いただいたインフォーマントの方々に、甚謝の意を申し上げたい。

他方、拙博論を広く一般向けにリライトするという方針のもと、こうして書籍化・出版にこぎ着けられたのは、ひとえに青弓社の矢野未知生氏の親身な伴走があったおかげであり、矢野氏と私をつなげてくれた菊地暁先生のおかげであり、家に居候させてくれた両親のおかげである。

また、本書執筆にあたっての追加調査では、三島海雲記念財団学術研究奨励金（二〇二二年度・人文科学部門・個人研究奨励金）のご援助をいただいた。甚謝の意を申し上げたい。

みなさま、どうもありがとうございました！

二〇二三年二月二十八日　実家二階の子ども部屋にて

注

（1）David K. Jordan, *Gods, Ghosts and Ancestors: Folk Religion in a Taiwanese Village*, University of California Press, 1973 を参照。

（2）川野明正はこれと同趣旨の問題提起を、「妖怪」ではなく「精怪」という語を用いながらおこなっている。前掲『中国の〈憑きもの〉』を参照。

［著者略歴］
大谷 亨（おおたに とおる）
1989年、北海道生まれ
中央大学文学部卒業後、東北大学大学院国際文化研究科に進学。同大学院在学中に、厦門大学人文学院に高級進修生として留学。2022年、東北大学大学院国際文化研究科で博士号（学術）を取得
現在、厦門大学外文学院日語語言文学学科・助理教授、無常党副書記
専攻は中国民俗学
論文に「無常鬼の精怪性、あるいは中国における妖怪学の試み――無常・撲壁・山魈の類似を手がかりとして」（第19回櫻井徳太郎賞受賞）、学位論文に「無常鬼の研究――〈精怪〉から〈神〉への軌跡」（第21回アジア太平洋研究賞受賞）

中国《ちゅうごく》の死神《しにがみ》

発行――2023年7月14日　第1刷
2024年4月30日　第3刷
定価――2600円＋税
著者――大谷 亨
発行者――矢野未知生
発行所――株式会社青弓社
〒162-0801 東京都新宿区山吹町337
電話 03-3268-0381（代）
http://www.seikyusha.co.jp
印刷所――三松堂
製本所――三松堂

ISBN978-4-7872-2099-8　C0026

椋橋彩香

タイの地獄寺

カラフルでキッチュ、そしてグロテスクなコンクリート像が並ぶタイの寺院83カ所をフィールドワークして、その地獄思想と地獄寺が生まれた背景、像が表現するものまで、地獄寺を体系的にまとめた世界初の論考。 定価2000円＋税

君島彩子

観音像とは何か

平和モニュメントの近・現代

戦争や社会状況、人々の信仰や思いを背景に時代ごとに性格を変えながらも、平和の象徴として共通認識されることでモニュメントという独自の発展を遂げた観音像の近・現代史を描く。貴重な写真を多数所収。 定価2400円＋税

八岩まどか

猫神さま日和

福を呼ぶ招き猫、祟り伝説の化け猫、恩返しをする猫、暮らしや安全を守る猫、貴女・遊女との関わり……。各地の猫神様を訪ね、由来や逸話、地域の人々のあつい信仰心を通して、猫の霊力を生き生きと伝える。 定価1800円＋税

廣田龍平

妖怪の誕生

超自然と怪奇的自然の存在論的歴史人類学

18世紀末から現代までの自然／超自然や近代／非近代をめぐる議論、日本の知識人の思想などを渉猟して、現代の妖怪概念が生成してきたプロセスを丁寧に分析する。妖怪研究の再構築を試みる野心的な研究成果。 定価4000円＋税

怪異怪談研究会 監修　茂木謙之介 ほか 編著

〈怪異〉とナショナリズム

文学作品、怪談、2・26事件、陰謀論、オカルトブーム……。〈怪異〉とナショナリズムとの関係を戦争・政治・モダニズムの視点から読み解き、両者が乱反射しながら共存した近代日本の時代性を浮き彫りにする。 定価3800円＋税